Das Kürbis-Kochbuch

Vreny Walther/Erica Bänziger

DAS
KÜRBIS-
KOCHBUCH

MIDENA

Die Deutsche Bibliothek – CIP-Einheitsaufnahme

Walther, Vreny:
Das Kürbis-Kochbuch / Vreny Walther ;
Erica Bänziger. – Küttigen/Aarau :
Midena ; Augsburg : Weltbild-Verlag, 1996
  ISBN 3-310-00195-4
NE: Bänziger, Erica:

Vierte Auflage 1996

Alleinvertrieb für Deutschland:
WELTBILD VERLAG GmbH
Steinerne Furt 68–70, 86167 Augsburg

© 1996 – MIDENA VERLAG GmbH,
CH-5024 KÜTTIGEN/AARAU
Gestaltung Umschlag: Dora Hirter, Aarau
Foodbilder: Martin Lehner, Küttigen
Schmuckbilder: Ernst Fretz, Küttigen /
Katharina Schindler, Gümligen / Heinz Scholz,
Schopfheim / Christoph J. Walther, Zollikofen
Bilder im botanischen Teil: Naturhistorisches Museum, Basel
Text Botanik: Dr. Michel Brancucci, Naturhistorisches Museum, Basel
Text Einführungsteil: Yvonne Tempelmann und Autorinnen
Satz: Kneuss Satz AG, Lenzburg
Fotolithos: Litho 2000 AG, Basel
Herstellung: Neue Stalling, Oldenburg

ISBN 3-310-00195-4

INHALT

INHALT

Verwendete Abkürzungen

EL = gestrichener Eßlöffel
TL = gestrichener Teelöffel
ml = Milliliter
dl = Deziliter

Wo nicht anders vermerkt, sind die
Rezepte für 4 Personen berechnet.

Vielseitiger verwendbar als der Kürbis – nicht nur kulinarisch – dürfte kaum ein anderes Gemüse sein! So sollen umherziehende Stämme in Nord- und Südamerika den ganzen Kürbis zuerst in der heißen Asche schmoren, Stücke der Rinde herausbrechen, das Kürbisfleisch genüßlich essen und die leere Rinde alsdann als Löffel verwenden, um den restlichen Kürbis zu verzehren. Eine bemerkenswerte Pflanze, die sowohl Kochtopf, Löffel und Mahlzeit liefert!

Dieser ‹genialen› Pflanze also möchten wir mit Rezepten aus aller Welt den Weg bereiten. Ein Anfang scheint gemacht, tauchten doch in den letzten Jahren Kürbisse immer häufiger auf den Gemüsemärkten auf, und jedes Restaurant, das etwas auf sich hält, beglückt seine Gäste mit einer Kürbissuppe. Kein Wunder, daß immer wieder nach Kürbisrezepten gefragt wird.

Bei den Vorbereitungen zu diesem Buch durften wir erfahren, wieviel Sympathie, aber auch Neugierde und Unwissen rund um den Kürbis zirkulieren. Für alle, die den Kürbis mit viel Liebe pflanzen und zubereiten, aber auch für alle Newcomer möchten wir bei Interesse ein Forum schaffen und die ‹Vereinigung der Kürbisfreunde› aus der Taufe heben. Dabei soll nicht eine medienwirksame Gigantomanie das Ziel sein, sondern der Anbau und die Verarbeitung kulinarisch besonders geeigneter Sorten gefördert werden. Wenn Sie, liebe Leserin, lieber Leser, in dieser Vereinigung mitwirken möchten, dann schreiben Sie uns (Adressen Seite 12).

Vreny Walther
Erica Bänziger

Vreny Walther – Die Kürbisfrau

Direkt aus Cuzco, der ehemaligen Hauptstadt des Inkareiches in Peru, kamen nach einer Ferienreise des Sohnes vor einigen Jahren die ersten Kürbissamen nach Zollikofen bei Bern. Als der nächste Sommer ins Land zog, reiften im Garten runde und ovale Kürbisse unterschiedlicher Größe und Farbe. Und alsbald begann die Suche nach Rezepten und Samenkernen anderer Kürbissorten. Freunde und Bekannte aus Kanada über Südafrika bis nach Australien hörten den ‹Hilferuf› und lieferten eifrig ‹Material›. Ihnen sei an dieser Stelle ganz herzlich gedankt. Nach vielen Experimenten in Garten und Küche reifte die Idee, die Rezepte den zahlreichen Kürbisanhängern zugänglich zu machen und so dazu beizutragen, daß dieses gute und gesunde Gemüse in der einheimischen Küche schon bald seinen festen Platz erhält.

Erica Bänziger – Die Vollwertfachfrau

Nur der große Kürbisgeist weiß, weshalb Erica Bänziger im Frühling 1994 in ihrem Garten aus Zeitnot gerade Kürbisse und nicht etwa Kartoffeln o. ä. pflanzte. Als sie dann im Herbst Vreny Walther kennenlernte, klärte sich manches. Alsbald wurden Rezepte kreiert, nachgekocht, ausgetauscht und degustiert. Als langjährige Vollwertfachfrau war es ihr ein Anliegen, den gesunden Kürbis nach den Prinzipien der vollwertigen Ernährung zuzubereiten. Die Autorin leitet seit 1990 ein eigenes Gesundheits- und Kochstudio und ist freie Mitarbeiterin verschiedener Zeitschriften. Ihr Erstling ‹Die neue Kalte Küche› ist im Frühjahr 1994 im Midena Verlag erschienen.

Kontaktadressen für die zu gründende ‹Vereinigung der Kürbisfreunde›: Vreny Walther-Schärz, Waldheimweg 5, CH-3052 Zollikofen; Erica Bänziger, Ecce Homo, CH-6417 Sattel

Einführung

Der Kürbis – die Riesenbeere aus dem tropischen Südamerika

Der Kürbis eine Beere – wundern Sie sich? Tatsächlich gehört die Gattung der Kürbisgewächse nicht den Gemüsen, sondern den Beerenfrüchten zugeordnet, genauso wie etwa die Tomate, die Banane und Orange. Das ist indes nicht das einzige Erstaunliche an dieser Pflanzengattung. Denn der Kürbis, der auf unserem Speisezettel lange Zeit zu Unrecht ein Schattendasein führte, hat noch weit mehr Interessantes zu bieten. So gibt es nur wenige Pflanzen, die eine ähnlich große Verwandtschaft vorzeigen können wie die Kürbisfamilie, die eigentlich zu den Gurkengewächsen gehört. Bekannte Verwandte sind die Melone, die Gurke und der Zucchino.

Je nach Quelle sind es mehr als hundert verschiedene Kürbisgattungen mit rund 850 Arten, die über alle Kontinente verteilt in der Wildnis und in Gärten wuchern. Und natürlich kommen gleich noch ein paar Tatsachen hinzu, welche den Kürbis vielleicht auch einen Platz im ‹Guiness Buch der Rekorde› erobern lassen: Sogenannte Riesenkürbisse (Zentner-Kürbis oder Cucurbis maxima) sollen schon fast 400 kg auf die Waage gebracht haben; es gibt Kürbisblätter, die eine Länge von mehr als 40 Zentimeter erreichen und an über 10 Meter langen Stengeln wachsen.

Die Kürbisgewächse sind tatsächlich ein buntes Völkchen. Je nach Gattung entwickeln sich aus den wunderschönen signalgelben bis orangefarbenen Blüten die bunten Früchte der eßbaren Kürbisarten, während die ungenießbaren, aber nicht giftigen, lediglich dekorativen Zwecken dienenden Zierkürbisse sich aus weißen Blüten entwickeln.

Woher der Kürbis kommt

Schon 10 000 Jahre v. Chr. dürften sich diese wunderschönen, kelchförmigen Blüten als Wildpflanze über die fruchtbaren Böden Südamerikas gerankt haben, wie aus archäologischen Untersuchungen hervorgeht. Die ältesten Kürbisfunde des Gewöhnlichen Kürbis (Cucurba pepo) wurden von Wissenschaftlern um die Zeit von 10 700 bis 9200 v. Chr. angesiedelt. Sie stammen aus dem Süden von Mexiko. Ca. 5200 v. Chr. wurden südlich von Mexiko-Stadt im Tehuacan-Gebiet in Höhlenschichten Reste einer weiteren Kürbisart (Cucurbita mixta) gefunden, ab 4900 bis 3500 v. Chr. außerdem Reste des Moschuskürbis (Cucurbita moschata). Archäologische Untersuchungen kommen zum Schluß, daß der Kürbis von (Süd)Amerika den Weg nach Europa gefunden hat. Und was für unseren heutigen Ackerbau von größtem Interesse ist, er wurde schon damals in Mischkulturen zusammen mit Mais und Bohnen angebaut. Thomas W. Whitacker, der führende amerikanische Kürbiskenner, vertritt überdies gemeinsam mit Archäologen und Ethnobotanikern die Meinung, daß die Mais-Bohnen-Kürbis-Kombination schon in der präkolumbianischen Zeit

die Grundbedürfnisse der menschlichen Ernährung abdeckte. Dies wiederum entspricht der heutigen Ernährungslehre, nach welcher gewisse Kohlehydratverbindungen hervorragende pflanzliche Eiweißkombinationen ergeben (so daß auf tierisches Eiweiß aus ernährungsphysiologischer Sicht weitgehend verzichtet werden kann).

Die Bedeutung dieses Nahrungsmittel-Dreigespanns kommt übrigens auch in Märchen und Mythen vor. Die Irokesen, ein ursprünglich im Waldland Nordamerikas lebender Indianerstamm, nannten die Geister des Maises, der Bohne und des Kürbisses ‹unser Leben› und beteten zu ihnen als zu jenen, ‹die uns nähren›. Die

drei Pflanzen waren Schwestern, die einander liebten, auf demselben Acker wuchsen und einträchtig zusammenlebten.

Auch bei den Hochkulturen der Mayas und Azteken, der Ureinwohner Südamerikas, war der Kürbis ein Grundnahrungsmittel, das neben Wurzelfrüchten zusammen mit Mais und Bohnen auf dem Speisezettel stand. Der Botaniker Heinz Brücher schreibt in seinem Standardwerk ‹Tropische Nutzpflanzen›, daß der Kürbis in der Frühgeschichte der Menschheit eine außergewöhnlich wichtige Rolle gespielt haben müsse, daß man zum Beispiel aufgrund von Ausgrabungen in Lagerstätten südamerikanischer India-

15

nersiedlungen den Eindruck erhalten habe, es habe dort vor 7000 Jahren tatsächlich eine Art ‹Kürbiskultur›-Epoche gegeben. Von keiner Nutzpflanze verfüge man über so zahlreiche prähistorische Funde, so Brücher.

Die amerikanische Journalistin Carolyn Niethammer berichtet in ihrem Buch ‹Töchter der Erde› übrigens über die Pawnees, ein Volk, das im Gebiet von Kansas und Nebraska lebte und seine Äcker bereits mit 7 Kürbissorten bebaute. Es ist auch nicht ausgeschlossen, daß es das Verdienst der Pawnee-Frauen war, die als ‹Gärtnerinnen des Stammes› galten und ihr Handwerk außergewöhnlich gut verstanden, daß sich der Kürbis von der Wild- zur Kulturpflanze entwickelte. Die ursprüngliche Herkunft des Kürbisses aus Amerika ist jedenfalls auch hierdurch bestens belegt. Und erst, nachdem Kolumbus Ende des 15. Jahrhunderts Amerika entdeckt hatte und mit seinen Funden in die alte Welt zurückkehrte, fand auch der Kürbis seinen Weg nach Europa.

Sagen und Bräuche rund um den Kürbis

Zahlreiche Sagen, Geschichten und Bräuche begleiteten den Kürbis schon früh auf seinem Weg. In einem Traumbuch aus dem Jahre 1551 ist vom Traum vom Kürbis die Rede, der auf eine vergebliche Hoffnung hindeute, soll doch die Frucht außer Wasser nicht viel zu bieten haben. Die Brüder Grimm ließen Aschenbrödel in

einer aus einem Kürbis gezauberten Kutsche fahren. Die Griechen nennen jemanden mit etwas beschränkter Auffassungsgabe einen ‹Pompion›, bei den Amerikanern ist es ein ‹Pumpkin›. Aber auch der große Dichter Johann Wolfgang von Goethe bediente sich des Kürbisses, wenn er auf einen dummen Menschen anspielen wollte: ‹Wer glaubst du denn zu sein, daß du mich schelten willst, du Kürbis?›

Auf den Vorabend von Allerheiligen, der auf den Britischen Inseln und in den USA als Fest keltischen Ursprungs gefeiert wird, geht der Brauch des ‹Halloween› zurück. So sollen die irischen Emigranten ihr altes Kultgut, das viel mit Geistern zu tun hatte, in ihre neue Heimat mitgebracht haben, und damit auch die Geschichte von ‹Jack-o'-lantern›. Der geizige alte Mann soll dem Teufel allerhand Streiche gespielt haben und wurde, als er starb, sogar von der Hölle ausgesperrt und dazu verdammt, auf ewige Zeiten mit einer Laterne auf der Erde herumzuwandern, um eine Bleibe zu finden. Um sich vor solch unwillkommenem Besuch zu schützen, stellte man in der Nacht auf Allerheiligen ein Licht auf den Fenstersims. Die Kelten benutzten dazu ausgehöhlte Kartoffeln und Rüben, und erst die europäischen Einwanderer höhlten einen großen Kürbis aus, der sich als viel geeigneter erwies, machte er doch mehr Eindruck. So wurden die ausgehöhlten und geschnitzten Kürbisse mit ihren dämonischen, den Tod symbolisierenden Fratzen zum traditionellen Halloweensymbol.

Ebenfalls auf eine alte Tradition dieses Herbstgemüses in den USA weist der Brauch des Thanksgiving mit dem gefüllten Truthahn und dem traditionellen Kürbisgemüse und der Pumpkin-Pie, dem Kürbiskuchen, hin. Der Thanksgiving Day, der 1621 erstmals von den Pilgern in Massachusetts als Erntedankfest begangen wurde, wird in den USA seit 1941 offiziell am vierten Donnerstag im November gefeiert, in Kanada jedoch am zweiten Montag im Oktober. Bei uns hat sich das amerikanische Thanksgiving-Menü inzwischen als willkommenes Weihnachtsessen eingebürgert, der gefüllte Truthahn samt Pumpkin-Pie.

Von der Medizin entdeckt

Die Naturmedizin hat den Kürbis schon früh als Naturheilmittel entdeckt. Lange wurde er in der Volksmedizin als Mittel bei Harnwegerkrankungen und Prostataleiden beigezogen und auch als Aphrodisiakum verwendet. Die heutige Schulmedizin schließt eine mildernde Wirkung von Kürbiskern und Kürbiskernöl bei diesen Leiden nicht aus. Das Kernenöl mit dem krebshemmenden Spurenelement Selen, mit einem Großteil (64%) mehrfach ungesättigter Fettsäuren, Magnesiumsalzen und Vitamin E wird auch zur Kräftigung des Bindegewebes und der Musku-

latur herangezogen. Volksmedizinisch wird Kürbiskernöl außerdem mit gebranntem Zucker gegen Husten und gegen Verstopfung innerlich eingenommen, äußerlich als Linderung bei Verbrennungen verordnet.

Der Kürbis in unserem Garten

Den entscheidenden Schritt von der Wildpflanze zur Kulturpflanze machte der Kürbis durch die Eliminierung der Bitterstoffe in den Früchten.

Auch in unseren Breitengraden lassen sich die Kürbisse problemlos ziehen. Trotz des üppigen Wuchses braucht die Pflanze keine tropischen Temperaturen. Sie gedeiht auch in unserem mitteleuropäischen Sommer.

Der Kürbis bevorzugt leichten bis mittelschweren, gut erwärmbaren und humusreichen Boden. Nicht geeignet sind extrem sandige sowie sehr schwere, nasse Böden. Der Kürbis bevorzugt einen sonnigen Platz, schätzt aber, wenn in unmittelbarer Nähe eine schattenspendende Pflanze wächst, z.B. Tomaten, Bohnen oder Blumensträucher. Die oft bis 10 m langen Ranken werden von solchen Schattenplätzen geradezu angezogen, und meistens gedeihen dort auch die größten Früchte. Man sollte auch nicht unbedingt Kürbis auf Kürbis pflanzen.

Kürbisse sind frostempfindlich und werden erst ab Mitte Mai ausgesät. Wer ein Frühbeet hat, kann die Samen in kleinen Töpfen ziehen und später ins Freie setzen. Je früher man mit der Aussaat beginnt, um so größer werden die Früchte. Wenn die Pflanze Früchte angesetzt hat, darf man die Schnecken nicht vergessen, die dem zarten Gemüse sehr zugetan sind. Bei längerer Trockenheit müssen die Pflanzen großzügig gewässert werden. Später, wenn die Früchte schon eine gewisse Größe haben, ist es von Vorteil, wenn man die Frucht mit einem flachen Stein, Ziegel oder auch einem Brettchen unterlegt; erstens fördert dies das Wachstum (Wärmerückstrahlung) und zweitens schützt es die Früchte vor anhaltender Nässe.

Wenn man speziell große Kürbisse ernten will, läßt man pro Pflanze nur eine Frucht stehen. Die anderen werden ausgebrochen.

Der Sommer- und der Winterkürbis

Der Kürbis wird botanisch in 5 Arten eingeteilt, doch für die Küche ist die Einteilung in Sommer- und Winterkürbis von größerem Nutzen.

Sommerkürbisse (Cucurbita pepo, Garten- oder Gemüsekürbis) sind klein bis mittelgroß und wachsen sehr schnell. Sie sind zart, das Fruchtfleisch ist hell, fester und weniger faserig als dasjenige der Winterkürbisse. Die Kerne sind weich. Die Schale ist dünn. Sommerkürbisse werden unreif geerntet, da viele unter ihnen im ausgereiften Stadium holzig und trocken wären. Ihrer beschränkten Haltbarkeit wegen müssen sie innerhalb weniger Tage zubereitet werden. Beispiele: Ölkürbis, Spaghettikürbis.

Winterkürbisse (Cucurbita maxima und Cucurbita moschata, Speise-, Riesen- oder Moschuskürbis) werden zum Teil sehr groß und sind kugel- oder walzenförmig. Ihre Früchte sind von einer dicken, festen, härteren (moschata) bis harten (maxima) Schale umgeben. Das Fleisch ist gelb bis orangefarben und weicher und faseriger als das der Sommerkürbisse. Der Winterkürbis wird im reifen Stadium geerntet, d. h. wenn der Stiel verholzt ist und die Frucht beim Klopfen einen hohlen Klang von sich gibt. Erntezeit ist von September bis zum ersten Frost. Zu den Winterkürbissen zählen Gelber Zentner, Butternuß, Oranger Knirps. Winterkürbisse lassen sich während Monaten problemlos lagern.

Kürbis ernten und lagern

Lagerkürbisse, d. h. Winterkürbisse brauchen unbedingt genug Zeit, um zu reifen. Wenn sie zu früh gepflückt werden, sind sie nicht lange haltbar und ihr spezifisches Aroma kann sich nicht voll entfalten. Früchte, die nicht mehr wachsen,

müssen noch lange nicht reif sein. Erst wenn der Stiel verholzt ist, sollte geerntet werden. So wird verhindert, daß Fäulnis durch den Stiel eindringen kann. Achtung: Kürbisse sind frostempfindlich.

Die Lagerfähigkeit eines Kürbisses ist von Sorte zu Sorte verschieden. Sie variiert von ein paar Wochen bis zu einigen Monaten. Gut haltbar sind eher die kleineren, festen Sorten, z. B. Butternuß, Oranger Knirps. Der beste Lagerplatz ist ein Raum, der Zimmertemperatur hat. Völlig ungeeignet sind feuchte Keller.

Einen angeschnittenen Kürbis bewahrt man am besten für einige Tage im Kühlschrank auf, wobei die Schnittfläche mit einer Alufolie gedeckt wird. Fruchtfleisch und Püree lassen sich auch tiefgefrieren.

Übrigens wurde in ‹alten Zeiten› das Kürbisfleisch gegart, anschließend durch ein Sieb gestrichen und das Püree auf Tellern, Platten oder Blechen ausgestrichen und an der Sonne getrocknet, bis das Fleisch hart war. Die Kürbisfladen waren jahrelang haltbar. Vor der Verwendung legte man sie in Milch ein. Die Fladen sollen wie frischer Kürbis geschmeckt haben.

Samen gewinnen und lagern

Ein gut ausgereifter Kürbis enthält viele gut ausgebildete Samen. Man reinigt sie mit Haushaltpapier und trocknet sie für 2 bis 3 Wochen an der Luft.

Die getrockneten Samen können bis zu 6

Jahre an einem kühlen, aber trockenen Ort aufbewahrt werden. Nach dieser Zeit geht die Keimfähigkeit stark zurück. Nach unserer Erfahrung sind unbehandelte Kürbissamen nicht länger als 2 Jahre keimfähig. Kürbissamen können auch im Tiefkühler aufbewahrt werden.

Wer seine Kürbissamen nicht selber ernten und lagern will, der kann sich im Fachhandel mit Samen bester Qualität eindecken. Erfreulich ist, daß das Angebot an Sorten von Jahr zu Jahr wächst.

Der Kürbis in der Küche

Der Kürbis ist vitamin- und mineralstoffreich, dabei kalorienarm und leicht verdaulich. Er besteht zu über 90% aus Wasser und hat deshalb wenig Eigenaroma, ja, ist je nach Sorte sogar von fadem Geschmack. Darin liegt aber auch die Vielfalt möglicher Zubereitungsarten: süß, süß-sauer, pikant, mit scharfen Gewürzen, aromatischen Kräutern … Der Kürbis eignet sich für Saucen, Suppen, Salate, Eintöpfe, als Gemüse, für die ganze Palette von Backwaren, für Süßspeisen, Marmeladen, Chutneys … Der Kürbis wird im Dampf gegart, gedünstet, gebacken, frititert …

In diesem Buch zwar nur Nebenschauplatz, aber deshalb nicht weniger begehrt, sind gefüllte und gebackene Kürbisblüten, Kürbiskerne und das feine Kürbiskernöl.

Die Kürbissorten

Spaghetti-Kürbis

Der Spaghetti-Kürbis ist – wie viele andere Kürbissorten auch – dank der Experimentierfreude der Japaner gezüchtet worden. Der Vater dieser Sorte, T. Sakata, ein berühmter Pflanzenzüchter, entdeckte die ursprüngliche Art dieser Sorte in China und versuchte bereits 1930, sie in Amerika zu verkaufen. Das erwartete Interesse blieb aus, und er nahm sie wieder aus seinem Katalog. 30 Jahre später bot er sie nochmals unter dem neuen Namen ‹Vegetable Spaghetti› in der Neuen Welt an; der Erfolg war riesig. Inzwischen ist sie eine überall beliebte und häufig angepflanzte Frucht. Dieser Kürbis ist so vielseitig verwendbar, daß eine Kanadierin, Michèle P. Gendron, ihm sogar ein Rezeptbuch widmete.

Spaghetti-Kürbis

Die Pflanze ist rankend und produziert 6 bis 8 Früchte von jeweils 1,5 bis 2,5 kg Gewicht in 100 Tagen. Zuerst sind die Früchte crèmefarbig, reif sind sie gelb. Um Platz zu sparen, läßt sich der Spaghetti-Kürbis ohne weiteres hochziehen. In den letzten Jahren wurden neue Sorten mit den gleichen Eigenschaften gezüchtet, z. B. der Tivoli, ein Busch-Typ.

Sweet Dumpling

Ein wunderschöner, kleiner Kürbis. Im Durchmesser erreicht diese Frucht selten mehr als 12 cm. Die feinen Rippen und die weiß-grünen Streifen machen sie zur beliebten Ergänzung für Fruchtschalen.

Das Fruchtfleisch ist so delikat, daß die Engländer der Frucht den Namen ‹Edible› = ‹eßbar› gegeben haben. Die Pflanze selber ist bescheiden im Platzanspruch und nicht besonders ergiebig; oft können nur 4 bis 6 Früchte geerntet werden.

Sweet Dumpling

Jack-o'-lantern

‹Jack-o'-lantern› ist sicherlich die bekannteste Pumpkin-Sorte. Wie viele andere gehört sie zu der Art Cucurbita pepo und eignet sich bestens zum Aushöhlen für Halloween-Laternen. Ihrer Größe, ihrer Farbe und ihres Geschmacks wegen werden die Pumpkins in Amerika sehr gerne angepflanzt und eignen sich vorzüglich für den berühmten ‹Pumpkin-Pie›.

Jack-o´-lantern

Die Pflanze ist leicht rankend und produziert 3 bis 5 mehr oder weniger runde Früchte mit einem Gewicht von bis zu 3,5 kg. Die Früchte sind sehr dekorativ. Leider sind sie – wie fast alle C.-pepo-Sorten – nicht sehr lange haltbar, oft ‹nur› 4 bis 5 Monate.

Gelber Zentner

Der Gelbe Zentner ist der bei uns am häufigsten angepflanzte Kürbis. Seine Samen werden in allen Fachgeschäften angeboten. Zu den Riesenkürbissen zählend, hat er weder das Aroma noch die Konsistenz der Japanischen Cups oder der verschiedenen Hubbards. Sogar aus-

gereift ist sein Fruchtfleisch leicht wässerig und enthält wenig Karotin, deshalb auch die blasse Farbe. Trotzdem ist er für gewisse Gerichte geeignet, z. B. für Suppen und Gemüse. Die Früchte erreichen bis zu 50 cm und ein stattliches Gewicht von 25 bis 30 kg. Die Haltbarkeit dieser Sorte ist leider auf wenige Monate beschränkt.

Gelber Zentner

Big Max

‹Show King›, ‹Atlantic Giant›, ‹Prizewinner›, ‹Big Max› und andere wurden gezüchtet, um Rekordgrößen zu erzielen. Nicht selten wiegen diese schwergewichtigen Sorten 50 bis 100 kg und mehr. In vielen Städten Amerikas finden Wettbewerbe statt, wo die größten Kürbisse prämiert werden. Ihrer Farbe und ihres Fruchtfleisches wegen zählen sie zu den Pumpkins, obwohl sie rein botanisch gesehen den Riesenkürbissen, also den Cucurbita maxima angehören.

Die Pflanzen sind rankend und haben sehr große, dekorative Blätter. Rekordfrüchte können nur geerntet werden, wenn pro Pflanze eine einzige Frucht gezogen wird. Das Fruchtfleisch ist nicht besonders fein, läßt sich aber durchaus z. B. zu Suppen, Kuchen usw. verarbeiten. Die Früchte sind mehrere Monate haltbar.

Marina di Chioggia

Big Max

Marina di Chioggia

Ein schöner Name für eine ebenso schöne Sorte aus Italien. Sie ist rund, abgeflacht und hat tiefe, unregelmäßige Runzeln. Diese stark rankende Pflanze beansprucht viel Platz, ist dafür aber in der Regel sehr ergiebig. Das Fruchtfleisch ist dunkelgelb, fest und ausgezeichnet im Geschmack. Die Früchte erreichen bis zu 30 cm Durchmesser und 10 kg Gewicht. Gut gelagert sind sie mindestens 8 Monate haltbar. Den Winter über schmücken sie jedes Heim. Der einzige Nachteil dieser dekorativen Sorte sind die tiefen Runzeln, die das Schälen der Früchte wesentlich erschweren.

Hubbards

Unter diesem Namen sind mehrere Sorten zu finden: Green Hubbard, Blue Hubbard, Golden Hubbard, Warted Hubbard usw., welche sich vor allem durch ihre Hautfarbe und Größe unterscheiden. Der sanft graublaue Blue Hubbard ist mit 15 bis 20 kg am schwersten. Der Green Hub-

Hubbards

23

bard ist etwas kleiner, obwohl auch seine Früchte gut 10 bis 12 kg wiegen können. Diese sind grün, oft gestreift, manchmal tief gewarzt oder gerunzelt. Der glatte und der gewarzte Golden Hubbard sind mit höchstens 4 kg wesentlich kleiner.

Die Pflanze beansprucht viel Platz, ist dafür aber sehr ergiebig. Ein Ertrag von 40 bis 50 kg pro Pflanze ist nicht selten. Die Hubbards kommen ursprünglich aus den USA, wo sie außerordentlich beliebt sind. Die Vorteile sind ihre attraktive Form, die ideale Größe, das aromatische Fruchtfleisch und die bis zu einem Jahr lange Haltbarkeit. Die Hautfarbe ist ein schönes, glänzendes Orange. Das Fruchtfleisch ist sehr fest und dunkelgelb bis orange.

Turks' Turban

Diese eher für Zierzwecke gezüchtete Sorte gibt es in allen Größen und Farben. Sie gehört aber der Art Cucurbita maxima an, also den Riesenkürbissen, und ist somit voll genießbar. Die Früchte gleichen einem türkischen Turban und sind von greller Farbe, sei es rot, grün usw.

Die Früchte sind durch eine korkenähnliche Krone unterteilt. Die exklusive Form verdanken sie ihrem großen Blütenansatz. Bei den meisten Kürbissen ist der Fruchtknoten tief unter der Blüte, nicht aber bei den Türkischen Turbanen und wenigen anderen Sorten. Bei diesen ist er halb in der Blüte. Sobald die Blütenblätter abfallen, bleibt ihre Narbe bestehen und bildet die Krone.

Turks' Turban

Die Pflanze ist meist von kräftigem Wuchs und produziert 6 bis 8 Früchte, die in 100 Tagen jeweils bis zu 5 kg wiegen können. Das Fruchtfleisch ist fest und dunkelgelborange gefärbt.

Bleu de Hongrie

Diese sehr interessante Sorte stammt aus Ungarn und ist bei uns kaum

Bleu de Hongrie

bekannt. Sie gehört zu den Cucurbita maxima und hat somit alle Vorteile der Riesenkürbisse, nämlich das feste und geschmackvolle Fruchtfleisch und die lange Haltbarkeit. Mit selten über 35 cm Umfang und einem Gewicht von 7 kg hat sie zudem auch eine handliche Größe.

Die Pflanze ist rankend und ergibt 3 bis 4 Früchte. Diese sind rundlich abgeflacht und blaugrau. Das feste Fruchtfleisch ist kräftig orange. Die Früchte sind bis zu 8 Monate haltbar.

Oranger Knirps/Potimarron

Eine beliebte Sorte, die vielerorts einen eigenen Namen hat; so zum Beispiel in Frankreich ‹Potimarron›, in Japan ‹Uchiki-wase Akaguri› und in Amerika ‹Red Kuri›.

Oranger Knirps/Potimarron

Die kräftig roten, kreiselförmigen Früchte haben eine zarte Haut und ein delikates oranges Fruchtfleisch. Dank dem feinen Maroni-Geschmack ist dieses geradezu ideal für Suppen und Kuchen, aber auch

für viele andere Gerichte. Sie sind ca. 6 bis 8 Monate haltbar. Die Pflanze ist stark rankend und produziert zahlreiche Früchte von 1,5 bis 2,5 kg.

Mikoshi

Diese Sorte gehört zu der Art Cucurbita maxima und zählt mit ähnlichen Sorten wie ‹Miyako›, ‹Sweet Mama› usw. zu den besten Kürbissen überhaupt. Ihre kräftige dunkelgrüne Haut ist marmoriert oder weist unregelmäßige, feine Streifen auf.

Mikoshi

Die Früchte sind rund, abgeflacht und wiegen 2 bis höchstens 3 kg. Das Fruchtfleisch erinnert sehr an dasjenige des ‹Orangen Knirpes›. Die Pflanzen sind stark rankend und produzieren einige Früchte. Diese sind bis zu 4 Monate haltbar, selten länger.

Butternuts

Zu den Butternuts zählen eine ganze Reihe von Sorten, die sich durch ihre Her-

Butternuts

kunft, ihre Größe, aber auch durch die Struktur der Oberfläche unterscheiden, z. B. Butternut Ponca, Waltham, Ultra Butternut, Early Butternut, Butterboy, Italienische Butternut. Sie gehören den Moschuskürbissen an. Eine der größeren Sorten, die Ultra Butternut, kann eine Länge von über 40 cm und ein Gewicht von 8 kg erreichen. Die Italienische Butternut ist als Ausnahme erdnußförmig und hat eine rauhe Oberfläche; alle übrigen sind birnenförmig und glatt.

Wie alle Moschuskürbisse ist diese Pflanze stets rankend, und ihre Blätter sind gefleckt. Unreif sind die Früchte grünlich und ziemlich neutral im Geschmack, später erhält die Haut einen warmen Crèmeton. Das Fruchtfleisch wird dunkelorange und süßlich. Die Haltbarkeit dieser Sorten ist fast unbegrenzt, dennoch sollten sie nicht länger als zwei Jahre gelagert werden. Während dieser Zeit verliert die Frucht Flüssigkeit, das

Fruchtfleisch wird faserig und trocken. Wenn dieser Kürbis für Suppen oder Kuchen verwendet wird, ist ein Qualitätsverlust aber auch nach sehr langer Lagerung nicht spürbar.

Muscade de Provence

Eine alte, aus Südeuropa stammende Sorte, die oft auf unseren Märkten angeboten wird. Wie ihr Name sagt, gehört sie zu den Moschuskürbissen (Cucurbita moschata).

Die Früchte sind abgeflacht und haben tiefe, regelmäßige Rippen. Sie behalten lange ihre grüne Farbe und werden erst vollständig ausgereift rotbraun. Sie sind lange haltbar; ihrer Größe wegen werden sie leider nur selten bei uns angepflanzt. Ihr Gewicht schwankt je nach Grösse zwischen 5 und 18 kg. Das Fruchtfleisch ist – wie bei den Moschuskürbissen üblich – dunkelorange und süßlich.

Muscade de Provence

100 Rezeptideen

Mexikanische Kürbissuppe

300 g Kürbisfleisch, gewürfelt
2 EL Maiskeimöl
1 grüner Gemüsepaprika/Peperoni, halbiert, Stielansatz und Kerne entfernt, in Streifen
1 große Zwiebel, fein gehackt
2 Tomaten, geschält, gewürfelt
1 l Gemüsebrühe/-bouillon
1 TL getrocknete Pfefferminze oder 1 Zweig frische Pfefferminze, fein gehackt
2 EL Dinkelmehl
150 g/1,5 dl Sahne/Rahm oder Milch
Chilipfeffer, nach Belieben
½ TL geriebene Muskatnuß
1 TL Akazienhonig
Petersilie und Korinadergrün, fein gehackt

1. Kürbis im Dampf garen. Pürieren.

2. Gemüsepaprika, Zwiebeln und Tomaten im Öl dünsten. Kürbispüree, Gemüsebrühe und Pfefferminze dazugeben. 15 bis 20 Minuten köcheln lassen.

3. Mehl mit der Milch oder Sahne glattrühren. Unter Rühren mit dem Schneebesen zur Suppe geben. Aufkochen. Suppe würzen und abschmecken. Mit den Kräutern garnieren.

Feine Kürbiscremesuppe in der Kürbisschale

für 8 Personen
4 EL Butter
4 kleine Zwiebeln, gehackt
1 kleiner Knollensellerie, geschält, gewürfelt
500 g Kürbisfleisch, klein gewürfelt
2 EL Tomatenpüree
2 Lorbeerblatt
1½ l Gemüsebrühe/-bouillon
200 g/2 dl Sahne/Rahm
1 TL Meersalz
1 Prise Pfeffer aus der Mühle
1 Prise geriebene Muskatnuß
1 Sträußchen Petersilie, fein gehackt
1 ausgehöhlter Moschus-Kürbis

1. Zwiebeln in der Butter dünsten. Sellerie und Kürbis zu den Zwiebeln geben und mitdünsten. Tomatenpüree, Lorbeerblätter und Gemüsebrühe beifügen. Kürbis garen. Lorbeerblätter entfernen. Suppe pürieren.

2. Suppe zusammen mit der Sahne aufkochen. Würzen.

3. Kürbiscremesuppe in den Kürbis füllen. Mit der Petersilie garnieren.

Abbildung: Feine Kürbiscremesuppe, Rezept oben

Kürbis-Minestrone mit Kichererbsen

1 EL Butterschmalz/Bratbutter

1 Zwiebel, fein gehackt

1 Knoblauchzehe, fein gehackt

1 Tomate

200 g Kürbisfleisch, gewürfelt

1 mittelgroße Kartoffel, gewürfelt

80 g Kichererbsen, über Nacht in Wasser eingeweicht

1 l Gemüsebrühe

Meersalz

1 TL Thymian

1 Prise Zimtpulver

Pfeffer aus der Mühle

½ EL Akazienhonig

Schnittlauch, fein geschnitten, oder Petersilie, fein gehackt

1. Tomaten übers Kreuz einritzen. So lange in kochendes Wasser tauchen, bis sich die Haut zu lösen beginnt. Tomaten schälen. Stielansatz kreisförmig herausschneiden. Früchte in Scheiben schneiden.

2. Zwiebeln und Knoblauch im Butterschmalz dünsten. Tomaten, Kürbisfleisch, Kartoffeln und abgetropfte Kichererbsen dazugeben. Kurz mitdünsten. Mit der Gemüsebrühe ablöschen. Salz, Thymian und Zimt dazugeben. Suppe auf kleinem Feuer köcheln lassen, bis die Kichererbsen weich sind. Wenn nötig, mit Gemüsebrühe verdünnen.

3. Suppe mit dem Honig, Salz und Pfeffer abschmecken. Mit der Petersilie oder dem Schnittlauch garnieren.

Fruchtige Kürbiscremesuppe

600 g Kürbisfleisch, gewürfelt

1 EL Butter

150 ml/1,5 dl Weißwein

1 l Gemüsebrühe/-bouillon

100 g/1 dl Sahne/Rahm

wenig Meersalz

Pfeffer aus der Mühle

1 Sträußchen Petersilie, fein gehackt, oder 1 Bund Schnittlauch, fein geschnitten

1. Kürbis in der Butter dünsten. Mit dem Weißwein ablöschen. 5 Minuten köcheln lassen. Gemüsebrühe dazugeben. Kürbis garen. Pürieren.

2. Kürbissuppe zusammen mit der Sahne aufkochen. Abschmecken. Kräuter dazugeben.

Kürbiscremesuppe Martinique

1 EL Butterschmalz/Bratbutter
1 Sproß Staudensellerie/Stangensellerie samt Blattgrün, gehackt
1 kleine Zwiebel, grob gehackt
1 Knoblauchzehe, fein gehackt
1 kleine Kartoffel, gewürfelt
300 g Kürbisfleisch, gewürfelt
1 Zucchino samt Schale, geviertelt
½ grüner Gemüsepaprika/Peperoni, geviertelt, Stielansatz und Kerne entfernt, klein geschnitten
1 l Gemüsebrühe/-bouillon
1 Zimtstange
1 rote Pfefferschote/Peperoncino, längs halbiert, entkernt
1 EL Akazienhonig
1 Prise geriebene Muskatnuß
Kräutermeersalz
scharfes Paprikapulver

1. Gemüse samt Zwiebeln und Knoblauch im Butterschmalz dünsten. Mit der Gemüsebrühe ablöschen. Zimtstange und Pfefferschote dazugeben. Suppe auf kleinem Feuer ca. 30 Minuten köcheln lassen.

2. Zimt und Pfefferschote entfernen.

3. Suppe pürieren. Durch ein Sieb streichen. Aufkochen. Würzen.

Französische Kürbiscremesuppe

2 Frühlingszwiebeln samt Grün oder 1 mittelgroßer Lauch/Porree, fein geschnitten
2 EL Butter
2 EL Dinkelmehl
1 l Gemüsebrühe/-bouillon
500 g Kürbisfleisch, gewürfelt
Kräutermeersalz
½ TL geriebene Muskatnuß
1 Umdrehung Pfeffer aus der Mühle
1 Msp Chilipfeffer
150 g/1,5 dl Sahne/Rahm
Petersilie, fein gehackt
100 g kleine Brotwürfel
Butterschmalz/Bratbutter

1. Kürbis im Dampf garen. Pürieren.

2. Brotwürfel in der Butter rösten. Auf die Seite stellen.

3. Die Frühlingszwiebeln samt Grün oder den Lauch in der Butter kurz dünsten. Mit dem Dinkelmehl bestäuben und der Gemüsebrühe ablöschen. Kürbispüree und Gewürze dazugeben. 5 Minuten köcheln lassen. Sahne beifügen. Aufkochen.

4. Suppe anrichten. Mit den gerösteten Brotwürfeln und den Kräutern bestreuen.

Kürbis-Möhren-Suppe mit Champignons und Tomaten

1 mittelgroße Zwiebel, gehackt

1 EL Butterschmalz/Bratbutter

300 g Kürbisfleisch, gewürfelt

200 g Möhren/Karotten, klein gewürfelt

1 l Gemüsebrühe-/bouillon

100 g/1 dl Sahne/Rahm

100 g Champignons, in Scheiben

2 Tomaten, geschält, gewürfelt

1 TL Meersalz

Pfeffer aus der Mühle

1 TL Akazienhonig

2 EL Basilikum, fein geschnitten

entsteinte grüne Oliven, in Scheiben

1. Zwiebeln in der Butter dünsten. Möhren und Kürbis dazugeben und mitdünsten. Mit der Gemüsebrühe ablöschen. Weich kochen. Suppe pürieren.

2. Kürbissuppe und Sahne aufkochen. Champignons und Tomaten dazugeben. Würzen.

3. Kürbissuppe anrichten. Mit dem Basilikum und den Oliven garnieren.

Kürbiscremesuppe mit saurer Sahne

400 g Kürbisfleisch, gewürfelt

1 kleine Kartoffel, gewürfelt

1 EL Butter

1 kleine Zwiebel, fein gehackt

1 Prise Muskatnuß

1 Prise gemahlener Koriander

1 Prise weißer Pfeffer aus der Mühle

800 ml/8 dl l Gemüsebrühe/-bouillon

4 EL saure Sahne/Sauerrahm

einige Zweige Petersilie, fein gehackt

1. Zwiebeln, Muskatnuß, Koriander und Pfeffer in der Butter dünsten. Kürbis und Kartoffeln dazugeben und mitdünsten. Mit der Gemüsebrühe ablöschen. Gemüse garen. Pürieren.

2. Suppe aufkochen. Anrichten. Mit einem Eßlöffel saurer Sahne und der Petersilie garnieren.

Abbildung: Kürbis-Curry-Cremesuppe, Rezept Seite 35

Einfache Kürbiscremesuppe

500 g Kürbisfleisch, gewürfelt

600 ml/6 dl Gemüsebrühe/-bouillon

150 g/1,5 dl Sahne/Rahm

Meersalz

Pfeffer aus der Mühle

1 Bund Schnittlauch, fein geschnitten

1. Kürbis in der Gemüsebrühe weich kochen. Samt Flüssigkeit pürieren.

2. Kürbissuppe aufkochen. Sahne dazugeben. Abermals aufkochen. Würzen.

3. Suppe in vorgewärmten Tellern anrichten. Mit dem Schnittlauch garnieren.

Süß-scharfe Kürbiscremesuppe

1 EL Butter

2 Zwiebeln, fein gehackt

500 g Kürbisfleisch, klein gewürfelt

1 l Milch

½ TL Thymian

½ TL Meersalz

¼ TL Pfeffer aus der Mühle oder Cayennepfeffer

2 EL Akazienhonig

1. Zwiebeln in der Butter dünsten. Kürbis dazugeben und mitdünsten. Mit der Milch ablöschen. Würzen. Suppe auf kleinem Feuer unter zeitweiligem Rühren so lange kochen, bis der Kürbis weich ist. Pürieren.

2. Suppe aufkochen. Mit dem Akazienhonig abschmecken. Nach Belieben nachwürzen.

Kürbis-Lauch-Cremesuppe mit Salbei

2 EL Olivenöl

1 kleiner Lauch/Porree, fein geschnitten

500 g Kürbisfleisch, gewürfelt

200 g Kartoffeln, gewürfelt

1 l Gemüsebrühe/-bouillon

2 TL Salbei, frisch gehackt, oder 2 TL getrockneter Salbei

150 ml/1,5 dl Milch

Meersalz

Pfeffer aus der Mühle

1. Lauch im Öl dünsten. Kürbis und Kartoffeln beifügen und mitdünsten. Mit der Gemüsebrühe ablöschen. Auf kleinem Feuer garen. Suppe pürieren.

2. Suppe aufkochen. 2/3 der Salbeimenge zusammen mit der Milch zur Suppe geben. Aufkochen. Abschmecken. Mit dem restlichen Salbei garnieren.

Kürbis-Curry-Cremesuppe

2 EL Butter

1 Zwiebel, gehackt

300 g Kürbisfleisch, gewürfelt

1 EL Dinkel- oder Marantamehl

2 TL Currypulver

750 ml/7,5 dl Gemüsebrühe/-bouillon

200 ml/2 dl Milch

Meersalz

1 Prise Pfeffer aus der Mühle

1 Prise geriebene Muskatnuß

1 TL Akazienhonig

200 g Joghurt nature

gehackter Kerbel oder Estragon

1. Zwiebeln in der Butter dünsten. Kürbis beifügen. Kurz mitdünsten. Mit dem Marantamehl und dem Currypulver bestäuben. Nochmals kurz dünsten. Mit der Gemüsebrühe ablöschen. Kürbis garen. Pürieren.

2. Kürbissuppe und Milch aufkochen. Würzen. Akazienhonig darunterrühren. Joghurt unter die Suppe rühren. Nicht mehr kochen. Kräuter darüberstreuen.

Abbildung Seite 33

Fridolins Kürbiscremesuppe

1 EL Butter

1 kleine Zwiebel, fein gehackt

1/2 kleiner Knollensellerie, geschält, gewürfelt

wenig Blattgrün vom Knollensellerie, fein geschnitten

1 Knoblauchzehe, gepreßt

200 g Kürbisfleisch, gewürfelt

Meersalz

weißer Pfeffer aus der Mühle

800 ml/8 dl Gemüsebrühe/-bouillon

100 g/1 dl Sahne/Rahm

2 EL saure Sahne/Sauerrahm

2 EL Schnittlauch oder andere Kräuter, fein geschnitten

1. Zwiebeln, Sellerie, Blattgrün und Knoblauch in der Butter dünsten. Kürbis beifügen und kurz mitdünsten. Mit wenig Gemüsebrühe ablöschen. 15 Minuten köcheln lassen. Suppe pürieren.

2. Kürbispüree, restliche Gemüsebrühe und Sahne aufkochen. Abschmecken.

3. Suppe anrichten. Mit einem Klecks saure Sahne und den Kräutern garnieren.

Kürbiscarpaccio mit Majoran

200 g Kürbisfleisch, am besten Moschus-Kürbis

1 EL Majoran, fein gehackt

1/2 Sträußchen Petersilie, fein gehackt

1 Tomate, geschält, Stielansatz entfernt, klein gewürfelt

2 EL trockener Reibkäse, z. B. Pecorino, Parmesan oder Sbrinz

Marinade

1 EL Honig- oder Apfelessig

1 EL Balsamico Essig

1 EL Sojasauce

3 EL kaltgepreßtes Olivenöl extra vergine

1 Knoblauchzehe, gepreßt

Kräutermeersalz

1 unbehandelte Zitrone, abgeriebene Schale

1. Kürbis mit dem Gemüsehobel in sehr dünne Scheiben hobeln.

2. Kürbisscheiben auf einer großen Platte anrichten. Mit der Marinade beträufeln. 30 Minuten zugedeckt ziehen lassen.

3. Kürbiscarpaccio mit den Kräutern, den Tomatenwürfeln und dem Käse bestreuen.

Kürbislocken

500 g Kürbisfleisch

Ingwerpulver

Maiskeimöl, zum Fritieren

1. Kürbis in große Spalten/Schnitze von ca. 5 cm Breite schneiden. Mit dem Kartoffelschäler Streifen/Locken abziehen.

2. Kürbislocken im heißen Öl rund 1 Minute backen.

3. Kürbislocken auf Haushaltpapier abtropfen lassen. Mit dem Ingwerpulver bestreuen.

4. Tip: Zum Aperitif servieren. Die Kürbislocken können im Ofen bei 150 Grad warm gehalten werden.

Kürbis-Quark-Aufstrich

150 g Kürbispüree

250 g Vollmilchquark

200 g Reibkäse, z. B. Sbrinz oder Parmesan, frisch gerieben

50 g getrocknete Aprikosen, fein geschnitten

30 g Walnüsse/Baumnüsse, gerieben

1 EL Aprikosenschnaps, nach Belieben, oder frisch gepreßter Orangensaft

1. Kürbispüree zubereiten: siehe Grundrezept Seite 104.

Abbildung: Kürbislocken und Kürbiskerne (rechts unten), Kürbis-Quark-Aufstrich (rechts oben), Kürbisblinis (links). Rezept Seite 80. Kürbisausstecher (links auf Gebäck), Rezept Seite 52.

Geröstete Kürbiskerne

2. Kürbis, Quark und Reibkäse pürieren.

3. Aprikosen, Walnüsse und Aprikosen-schnaps zum Kürbispüree geben. Mindestens 1 Stunde kühl stellen.

4. Tip: Mit Crackers servieren. Die Masse kann auch als Brotaufstrich, für Aperitif-häppchen usw. verwendet werden.

1. Kürbiskerne waschen und Fasern entfernen. Kerne über Nacht auf einem Küchentuch trocknen lassen.

2. Kerne auf ein gefettetes Blech verteilen. Leicht salzen. Im vorgeheizten Ofen bei 190 Grad ca. 15 Minuten goldgelb rösten. Während des Backens die Kerne hin und wieder schütteln. Mit Knoblauch- oder Zwiebelsalz bestreuen.

3. Tip: Zum Aperitif reichen.

4. Botanik: Die grünen Samen des Ölkür-bis sind von Natur aus schalenlos. Sie eignen sich ebenfalls zum Rösten.

Griechischer Kürbissalat

250 g Kürbisfleisch, am besten Moschus- oder Butterkürbis, klein gewürfelt

250 g grüne Erbsen, blanchiert

1 kleine Zwiebel, in dünnen Ringen

1 roter Gemüsepaprika/Peperoni, halbiert, Stielansatz und Kerne entfernt, in feinen Streifen

6 entsteinte schwarze Oliven, in Scheiben

einige frische Champignons, in Scheiben

125 g Fetakäse, klein gewürfelt

Blattsalat, für die Garnitur

3 Tomaten, Stielansatz entfernt, in Spalten, für die Garnitur

Sauce

6 EL kaltgepreßtes Olivenöl extra vergine

2 EL milder Kräuteressig

1 TL Senf

1 kleine Zwiebel, fein gehackt

1 Sträußchen Petersilie, fein gehackt

1 EL Basilikum, fein gehackt

1 EL Sojasauce

Pfeffer aus der Mühle

1. Gemüse und Käse mit der Sauce mischen. 15 Minuten marinieren.

Kürbissalat mit Pinienkernen

300 g Kürbisfleisch, in dünnen, langen Stäbchen

100 g Pinienkerne

wenig Olivenöl

Sauce

3 EL kaltgepreßtes Olivenöl extra vergine

2 EL Zitronensaft

Pfeffer aus der Mühle

Kräutermeersalz

1 TL Senf

1 EL Dill, fein gehackt

1. Pinienkerne im Olivenöl bräunen. Auskühlen lassen.

2. Kürbisstäbchen mit der Sauce mischen.

3. Salat anrichten. Mit den Pinienkernen garnieren.

Abbildung: Griechischer Kürbissalat, Rezept linke Spalte

Kürbissalat mit Joghurtdressing

700 g Kürbisfleisch, am besten Moschus-Kürbis, in feinen Scheiben

2 Zwiebeln, grob gehackt

2 EL Oliven- oder Sonnenblumenöl

einige grüne Salatblätter

Joghurtdressing

200 g Joghurt nature

1 Zitrone, Saft (1 EL für das Gemüse)

2 EL Mayonnaise (aus dem Reformhaus oder selbstgemacht)

Meersalz

Pfeffer aus der Mühle

1 Knoblauchzehe, gepreßt

1 Bund Schnittlauch, fein geschnitten

1. Kürbisscheiben und Zwiebeln im Öl kurz dünsten. Mit einem Eßlöffel Zitronensaft ablöschen. Auf kleinem Feuer zugedeckt 5 Minuten garen. Ab und zu rühren. Kürbis auskühlen lassen.

2. Kürbis auf dem Blattsalat anrichten. Mit dem Joghurtdressing überziehen.

Zarter Kürbis-Gurken-Salat

400 g Kürbisfleisch, am besten Moschus-Kürbis

3 Gewürzgurken, in kleinen Würfeln

1 Zwiebel, fein gehackt

3 Tomaten, für die Garnitur

Sauce

1–2 EL Balsamico Essig

3–4 EL kaltgepreßtes Olivenöl extra vergine

Meersalz

Pfeffer aus der Mühle

Paprikapulver

2 EL Petersilie, fein gehackt

1. Kürbisfleisch mit dem Gurkenhobel in Scheiben hobeln. Mit den Gurken und Zwiebeln mischen.

2. Gemüse mit der Sauce mischen. Abschmecken. Gefällig anrichten und mit den Tomaten garnieren.

Kürbis-Avocado-Salat mit Sonnenblumenkernen

200 g Kürbisfleisch, am besten Moschus-Kürbis, klein gewürfelt

2 reife Avocados

2 EL Zitronensaft

Sonnenblumenkerne

1 Handvoll Brunnen- oder Gartenkresse oder Blattsalat, für die Garnitur

Sauce

100 g Crème fraîche

1 TL Senf

2 EL Balsamico Essig

4 EL kaltgepreßtes Olivenöl extra vergine

1 EL Sojasauce

Kräutermeersalz

Pfeffer aus der Mühle

frische Kräuter, z. B. Basilikum, fein geschnitten

1. Avocados halbieren. Stein entfernen. Mit einem kleinen Kugelausstecher Kugeln ausstechen. Sofort mit dem Zitronensaft beträufeln.

2. Avocadokugeln und Kürbis mit der Sauce mischen.

3. Kürbis-Avocado-Salat auf Glastellern anrichten. Sonnenblumenkerne darüberstreuen. Kresse als Garnitur dazugeben.

Kürbis-Paprika-Salat

500 g Kürbisfleisch (Moschus-Kürbis), mit der Bircher-Rohkostreibe fein gerieben

je 1 roter und grüner Gemüsepaprika/ Peperoni, halbiert, Stielansatz und Kerne entfernt, in feinen Streifen

3 EL frische Gartenkräuter, z. B. Basilikum, Petersilie, fein gehackt

Sauce

6 EL kaltgepreßtes Olivenöl extra vergine

2 EL Balsamico Essig

1 Zitrone, Saft

Kräutermeersalz

Pfeffer aus der Mühle

200 g/2 dl saure Sahne/Sauerrahm

1. Saucenzutaten sämig rühren.

2. Kürbis und Gemüsepaprika mit der Sauce mischen. 10 Minuten stehen lassen. Mit den Kräutern garnieren.

Gebackener Kürbis an Vinaigrette

8-12 Kürbisspalten/-schnitze von je 25 g, am besten Potimarron

Kräutermeersalz

Olivenöl

Petersilie, fein gehackt

½ Bund Basilikum, fein geschnitten

Vinaigrette

100 ml/1 dl Balsamico Essig

100 ml/1 dl kaltgepreßtes Kürbiskernöl

1 Möhre/Karotte, in dünnen, langen Streifen (mit dem Kartoffelschäler abziehen)

100 g Lauch/Porree (grüne Teile), in dünnen Scheiben

1 Schalotte, fein gehackt

Meersalz

Pfeffer aus der Mühle

Petersilie, fein gehackt

1. Kürbisspalten/-schnitze salzen und mit Olivenöl einpinseln. Auf ein Blech legen. Im vorgeheizten Ofen bei 220 Grad 10 bis 15 Minuten backen.

2. Möhren und Lauch bißfest garen.

3. Gebackene Kürbisspalten/-schnitze auf einer Platte oder auf Tellern anrichten. Das mit der Sauce gemischte Gemüse darauf verteilen. Kräuter darüberstreuen. Warm oder kalt servieren.

Fruchtiger Kürbissalat an Nußdressing

200 g zartes Moschus-Kürbisfleisch, in feinen Stäbchen

2 mittelgroße Äpfel samt Schale, halbiert, entkernt, in dünnen Spalten

150 g blaue Traubenbeeren, halbiert

einige Walnuß-/Baumnußkerne, halbiert, für die Garnitur

Nußdressing

3 EL milder Apfelessig

4 EL kaltgepreßtes Walnuß-/Baumnußöl

2 EL Sahne/Rahm

Kräutermeersalz

2 EL Petersilie, fein gehackt

wenig Thymian, fein gehackt

1. Sämtliche Zutaten mit dem Nußdressing mischen.

2. Salat auf Glastellern anrichten. Mit den Nüssen garnieren.

Abbildung: Gebackener Kürbis an Vinaigrette, Rezept linke Spalte

Kürbis-Mais-Eintopf

2 EL Butterschmalz/Bratbutter

1 Zwiebel, fein gehackt

400 g Kürbisfleisch, gewürfelt

2 Möhren/Karotten, klein gewürfelt

1 TL Meersalz

Pfeffer aus der Mühle

1 Prise Cayennepfeffer

1,2 l Gemüsebrühe/-bouillon

200 g feiner Maisgrieß

80 g Kokosnußraspeln

Fleisch

200 g Hähnchen-/Geflügelbrust oder Tofu, in Streifen

Meersalz

Pfeffer aus der Mühle

2 EL Maiskeimöl

1. Zwiebeln, Kürbis und Möhren im Butterschmalz dünsten. Maisgrieß, Kokosnußraspeln und Gemüsebrühe beigeben. Zugedeckt auf kleinem Feuer 20 Minuten köcheln lassen, bis der Mais gar ist. Wenn nötig, mit Gemüsebrühe verdünnen.

2. Hähnchenbrust oder Tofu im Maiskeimöl kräftig anbraten. Würzen.

3. Fleisch und Maiseintopf mischen. Abschmecken.

4. Tip: Mit einer Tomatensauce (Seite 61) servieren.

Kürbistoast

4–6 Scheiben Vollkorntoastbrot

1 Dose Sardinen

1 EL Olivenöl

1 große Zwiebel, fein gehackt

1 grüner Gemüsepaprika/Peperoni, halbiert, Stielansatz und Kerne entfernt, klein gewürfelt

500 g Kürbisfleisch, fein gehobelt

1–2 Tomaten, geschält, Stielansatz entfernt, gewürfelt

Kräutermeersalz

geriebene Muskatnuß

Pfeffer aus der Mühle

1 Prise Cayennepfeffer

1 Schuß Whisky, nach Belieben

1 Sträußchen Petersilie, fein gehackt

1. Sardinen abtropfen lassen.

2. Zwiebeln und Gemüsepaprika im Olivenöl dünsten. Kürbis dazugeben. Knackig dünsten. Tomaten beigeben. Würzen. Mit dem Whisky abschmecken.

3. Getoastetes Brot mit den Sardinen belegen. Das Gemüse darauf verteilen. Mit Petersilie garnieren. Sofort servieren.

Calzone mit Kürbisfüllung

für 4–6 Personen

Teig

400 g Dinkelmehl

1 TL Meersalz

25 g Hefe

1 TL Akazienhonig

300 ml/3 dl lauwarmes Wasser

2 EL Olivenöl

Füllung

2 Freilandeier

250 g Vollmilchquark

2 Knoblauchzehen, gepreßt

100 g Tempeh, fein gehackt

150 g Greyerzer Käse, klein gewürfelt

150 g Mozzarella, in kleinen Stücken

*150 g frische Champignons,
in Scheiben*

300 g Moschus-Kürbis, klein gewürfelt

50 g Parmesan

Pfeffer aus der Mühle

Meersalz

Oregano

2 EL Tomatenpüree

1. Für den Teig Mehl und Salz mischen.

2. Hefe und Honig im Wasser auflösen. Zusammen mit dem Öl unter das Mehl rühren. Zu einem Teig zusammenfügen. Teig mindestes 10 Minuten von Hand oder in der Maschine kräftig kneten. Zugedeckt 1 Stunde gehen lassen. Nochmals kneten.

3. Für die Füllung Eier verquirlen. Quark darunterrühren. Knoblauch dazugeben. Restliche Zutaten für die Füllung, außer dem Tomatenpüree, unter die Quarkmischung rühren.

4. Teig halbieren. Beide Teigstücke ovalförmig, d. h. 40 cm lang und 30 cm breit, ausrollen. Eventuell mit Hilfe einer Schüssel die Form ausbessern. Die eine Hälfte jedes Teigstückes mit dem Tomatenpüree einpinseln. Auf das Tomatenpüree die Füllung geben. Teigränder mit Wasser einpinseln. Zweite Teighälfte darüberklappen. Ränder gut andrücken und einmal einschlagen. Calzone mit Wasser einpinseln und mit einer Gabel mehrmals einstechen.

5. Calzone auf ein mit Backpapier belegtes Blech legen. Im vorgeheizten Ofen bei 200 Grad auf mittlerem Einschub 40 bis 50 Minuten backen.

Kürbisköpfchen mit Kräutersauce

für 12 Portionenförmchen

500 g festes, mehliges Kürbispüree, am besten Potimarron

4 Freilandeier

200 g/2 dl Sahne/Rahm

Kräutermeersalz

Pfeffer aus der Mühle

1 Prise geriebene Muskatnuß

Butter, für die Förmchen

Kräutersauce

200 ml/2 dl Gemüsebrühe/-bouillon

200 g/2 dl Sahne/Rahm

1 TL Marantamehl

4–5 EL Gartenkräuter, fein gehackt

einige Tropfen Limonen- oder Zitronensaft

Kräutermeersalz

Pfeffer aus der Mühle

1. Kürbispüree zubereiten: siehe Grundrezept Seite 104.

2. Eier verquirlen. Sahne und Kürbispüree darunterrühren. Würzen.

3. Kürbismasse in die gebutterten ofenfesten Portionenförmchen füllen.

4. Kürbispudding im vorgeheizten Ofen bei 180 Grad ca. 40 Minuten backen.

5. Für die Kräutersauce die Gemüsebrühe auf die Hälfte einreduzieren. Sahne dazugeben. Das in wenig Wasser aufgelöste Marantamehl darunterrühren. Aufkochen. Kräuter dazugeben. Sauce pürieren. Mit dem Zitronensaft abschmecken. Nach Belieben nachwürzen.

6. Mit der Sauce auf vorgewärmten Tellern einen Spiegel machen. Rand der Kürbisförmchen mit dem Messer lösen. Kürbisköpfchen auf die Sauce stürzen. Sofort servieren.

Einfaches Kürbisgemüse

30 g Butter oder Olivenöl

1 Zwiebel, fein gehackt

1 Knoblauchzehe, fein gehackt

500 g Kürbisfleisch, gewürfelt

1/4 TL geriebene Muskatnuß

frischer oder getrockneter Estragon und Oregano

Kräutermeersalz

1. Zwiebeln und Knoblauch in der Butter dünsten. Kürbis dazugeben. Würzen. Kürbisgemüse weich dünsten.

2. Tip: Kann als Beilage zu einem Getreidegericht oder zu Fleisch serviert werden.

Abbildung: Kürbisköpfchen mit Kräutersauce, Rezept linke Spalte

Kürbis surprise

---

1 mittelgroßer Kürbis, am besten ein
Moschus-Kürbis

---

100 g Langkorn-Vollreis

---

2 EL Olivenöl

---

250 g Rinderfleisch oder Tofu, gehackt

---

1 mittelgroße Zwiebel, gehackt

½ grüner Gemüsepaprika/Peperoni,
Stielansatz und Kerne entfernt,
gewürfelt

---

1 Sproß Stauden-/Stangensellerie samt
Blattgrün

---

200 g Pilze, in Scheiben

---

200 ml/2 dl Rotwein oder
200 ml/2 dl Gemüsebrühe-/bouillon

---

1 TL Meersalz

Pfeffer aus der Mühle

---

1 TL Majoran

½ TL Thymian

---

1 Knoblauchzehe, gepreßt

---

3 EL Akazienhonig

---

100 g Sultaninen

---

1. Reis waschen. Reis in 200 ml/2 dl Wasser aufsetzen. Aufkochen und 5 Minuten sprudelnd kochen lassen. Wärmequelle ausschalten. Reis zugedeckt 2 Stunden nachquellen lassen.

2. Kürbis waschen. Einen Deckel abschneiden. Kerne und faserige Teile entfernen. Das Innere des ausgehöhlten Kürbisses salzen und pfeffern. Schale mit wenig Öl einpinseln.

3. RInderfleisch im Olivenöl anbraten. Zwiebeln, Gemüsepaprika, Sellerie und Pilze dazugeben und mitdünsten. Mit dem Rotwein ablöschen. Würzen. 5 Minuten köcheln lassen. Honig, Sultaninen und Reis mit dem Fleisch mischen.

4. Reis-Fleisch-Mischung in den Kürbis füllen. Deckel aufsetzen. Kürbis im vorgeheizten Ofen bei 180 Grad 90 Minuten garen. Zur Garprobe den Deckel abheben und wenig Kürbisfleisch abstechen.

5. Beim Anrichten darauf achten, daß auch vom Kürbisfleisch abgestochen wird.

Kürbissauce mit Kerbel

---

250 g Kürbispüree

---

150 g/1,5 dl Sahne/Rahm

---

2 EL trockener Wermut

Kräutermeersalz

Pfeffer aus der Mühle

---

1 EL Kerbel, fein gehackt

---

1. Kürbispüree: Grundrezept Seite 104.

2. Kürbispüree und Sahne aufkochen. Wermut dazugeben. Würzen. Je nach Dicke der Sauce mit wenig Gemüsebrühe/-bouillon verdünnen. Kerbel darunterrühren.

Kürbisgericht aus dem Andengebiet

*2 EL Maiskeimöl

1 EL Ingwerwurzel, gerieben

2 Pfefferschoten, längs halbiert, Stielansatz und Kerne entfernt, klein gehackt

400 g Kürbisfleisch, gewürfelt

250 g Quinoa

700 ml/7 dl Gemüsebrühe/-bouillon

1 Beutel Safranpulver oder einige getrocknete Safranfäden

1 TL Oregano

Kräutermeersalz

Sauce

200 g Joghurt nature

Kräutermeersalz

Pfeffer aus der Mühle

einige Petersilienzweige, fein gehackt

1. Ingwer und Pfefferschoten im Öl dünsten. Kürbis dazugeben. 10 Minuten dünsten, bis der Kürbis weich ist.

2. Quinoa in einem Drahtsieb unter fließendem heißem Wasser waschen.

3. Quinoa zum Kürbis geben. 3 Minuten dünsten. Mit der Gemüsebrühe ablöschen. Safran und Oregano dazugeben. 10 Minuten köcheln lassen. Zugedeckt 15 Minuten nachquellen lassen. Mit Kräutersalz abschmecken.

4. Sämtliche Zutaten für die Joghurtsauce verrühren. Separat servieren.

Scharfer Curry-Kürbis

1 EL Butterschmalz/Bratbutter

1 Zwiebel, fein gehackt

2 Knoblauchzehen, fein gehackt

800 g Kürbisfleisch, gewürfelt

400 g Pelati-Tomaten aus dem Glas, gewürfelt

2 EL scharfer Curry

50 g Kokosnußraspeln

Meersalz

Paprikapulver

100 g grüne Kürbiskerne ohne Schale, geröstet

1. Zwiebeln und Knoblauch im Butterschmalz dünsten. Kürbis mitdünsten. Tomaten, Curry und Kokosnußraspeln dazugeben. Würzen. Zugedeckt auf kleinem Feuer 15 bis 20 Minuten köcheln lassen. Der Kürbis darf nicht zu weich werden.

2. Curry-Kürbis abschmecken. Mit den Kürbiskernen bestreuen.

3. Tip: Mit Knoblauchbrot servieren.

49

Panierte Kürbissichel

8 Kürbissicheln, je ca. 100 g

Kräutermeersalz

Pfeffer aus der Mühle

2 Freilandeier

Mehl, zum Wenden

reichlich Vollkornbrotbrösel/-paniermehl

Butterschmalz/Bratbutter

1. Kürbissicheln im Dampf knackig garen. Mit wenig Salz und Pfeffer würzen. Sicheln vorsichtig aus dem Topf nehmen. Abtropfen lassen.

2. Eier in einem Suppenteller verquirlen. Mit dem Kräutermeersalz und dem Pfeffer würzen. In zwei flachen Tellern Mehl und Vollkornbrotbrösel bereitstellen.

3. Kürbissicheln zuerst im Mehl, dann im Ei und zuletzt in den Vollkornbrotbröseln drehen.

4. Panierten Kürbis in der Bratpfanne auf mittlerem Feuer in reichlich Butterschmalz beidseitig goldbraun braten.

5. Wichtig: Junger Kürbis kann roh verwendet, braucht also nicht gegart zu werden.

Schnelle Kürbispuffer

250 g Kürbisfleisch, mit der Röstiraffel geraspelt

50 g Kartoffeln, mit der Bircher-Rohkostreibe gerieben

2–3 Freilandeier

50 g Nüsse, gerieben

50 g Dinkelmehl

2 EL frische Gartenkräuter

Kräutermeersalz

Pfeffer aus der Mühle

1 Msp geriebene Muskatnuß

1 Msp gemahlener Koriander

Butterschmalz/Bratbutter

1. Eier verquirlen. Übrige Zutaten dazugeben. Gut abschmecken.

2. Für jeden Puffer einen gehäuften Eßlöffel Kürbismasse in die heiße Butter geben. Die Masse läuft leicht auseinander. Puffer beidseitig goldgelb backen.

3. Puffer mit einer kalten Sauce aus saurer Sahne und frischen Kräutern servieren.

Abbildung: Schnelle Kürbispuffer, Rezept oben

Pikanter Kürbiskuchen

für ein rechteckiges Blech oder zwei runde Bleche

Hefeteig

300 g Dinkel- oder Weizenvollkornmehl

½ TL Meersalz

250 ml/2,5 dl lauwarmes Wasser

30 g Hefe

1 EL Olivenöl

Belag

1 EL Olivenöl

2 große Zwiebeln, in dünnen Scheiben

200 g Champignons, in Scheiben

ca. 500 g festes Kürbisfleisch, am besten Potimarron, mit der Röstiraffel geraspelt

1–2 Tomaten, Stielansatz entfernt, in Scheiben

100 g Mozzarella, in kleinen Stücken

Kräutermeersalz

Pfeffer aus der Mühle

frische Gartenkräuter

1. Für den Teig Mehl und Salz mischen. Die im lauwarmen Wasser aufgelöste Hefe zum Mehl geben. Zu einem Teig zusammenfügen. Teig von Hand oder mit der Maschine während mindestens 10 Minuten kräftig kneten. 30 Minuten zugedeckt gehen lassen. Das Olivenöl unter den Teig kneten. Teig nochmals kräftig kneten.

2. Teig direkt im geölten Blech mit einem kleinen Handroller ausrollen.

3. Für den Belag Zwiebeln und Champignons im Olivenöl dünsten.

4. Zuerst die Zwiebel-Champignons-Mischung, dann den Kürbis und die Tomatenscheiben auf den Teigboden verteilen. Würzen. Kräuter darüberstreuen. Mit dem Mozzarella belegen.

5. Kürbispizza im vorgeheizten Ofen bei 220 Grad ca. 20 Minuten backen.

Kürbisausstecher für Garnituren

Kürbis, ohne Schale und Kerne

1. Kürbis in möglichst gleichmäßig dicke Scheiben schneiden. Mit kleinen Ausstechern (Gebäck) Figuren ausstechen. Je nach Kürbissorte müssen die Figuren im Dampf kurz gegart werden.

2. Tip: Als Garnitur für Suppen, Vorspeisen, Nachspeisen usw. verwenden. Ideal ist der Moschus-Kürbis, da er nicht gegart werden muß.

Abbildung auf Sammelbild Seite 37, links im Bild

Kürbis-Broccoli-Kuchen

für ein rundes Blech von 30 cm Durchmesser

Teig

275 g Dinkelmehl, fein gemahlen

¼ TL Meersalz

175 ml/1,75 dl Wasser

50 ml/0,5 dl Maiskeimöl

Belag

3 EL Olivenöl

600 g Kürbisfleisch, klein gewürfelt

200 g Broccoli, in Röschen gebrochen

100 ml/1 dl Weißwein oder
100 ml/1 dl Gemüsebrühe/-bouillon

1 Sträußchen Petersilie, fein gehackt

Thymian

Meersalz

Pfeffer aus der Mühle

100 g Fontina, gerieben

60 g Greyerzer Käse, gerieben

Guß

2 Freilandeier

100 g/1 dl Sahne/Rahm

1. Für den Teig Mehl und Salz mischen. Eine Mulde formen.

2. Wasser aufkochen. Das Öl zum kochenden Wasser geben und mit dem Stabmixer 1 Minute schlagen, bis die Flüssigkeit emulgiert und von milchig-weißer Farbe ist.

3. Ölmischung sofort in die Mehlmulde gießen. Zu einem Teig zusammenfügen. So wenig wie nötig kneten. Der Teig kann sofort verarbeitet werden.

4. Für den Belag Kürbis im Öl dünsten. Broccoliröschen beigeben. Mit dem Weißwein oder der Gemüsebrühe ablöschen. Kräuter beifügen und würzen. Rund 5 Minuten auf kleinem Feuer köcheln lassen. Auskühlen lassen.

5. Teig auf Blechgröße ausrollen. In die gefettete Form legen. Teig mehrmals mit einer Gabel einstechen.

6. Teigboden mit dem Fontinakäse bestreuen. Das Gemüse in die Form geben. Mit dem Greyerzer Käse bestreuen. Eierguß darübergießen.

7. Kürbiskuchen im vorgeheizten Ofen bei 200 Grad 30 bis 40 Minuten backen. Heiß servieren.

Kürbis-Ratatouille mit Cashewkernen

3 EL Olivenöl

1 Zwiebel, fein gehackt

1 Knoblauchzehe, gepreßt

250 g Gemüsepaprika/Peperoni, halbiert, Stielansatz und Kerne entfernt, klein gewürfelt

1 Zucchino in Scheiben

500 g Kürbisfleisch, gewürfelt

4 Tomaten, ohne Haut und Stielansatz, in Scheiben

Meersalz

Pfeffer aus der Mühle

1 EL Provencekräuter

Kräutermeersalz oder Gemüsebrüheextrakt

100 g Cashewkerne

schwarze Oliven, nach Belieben

1. Zwiebeln und Knoblauch im Olivenöl dünsten. Gemüsepaprika, Zucchino, Kürbis und Tomaten dazugeben. 5 Minuten dünsten. Auf kleinem Feuer zugedeckt 15 bis 20 Minuten garen. Abschmecken.

2. Cashewkerne und Oliven unter die Ratatouille rühren.

3. Variante: Sehr gut schmeckt die Ratatouille auch mit Fisch, der auf dem Gemüse gegart wird.

Kürbis-Mais-Polenta mit Mandeln

200 g Bramata-Maisgrieß

1 l schwache Gemüsebrühe-/bouillon

400 g Kürbisfleisch, klein gewürfelt

1 EL Salbei, fein gehackt

Meersalz

Pfeffer aus der Mühle

1 EL Butterschmalz/Bratbutter

50 g Mandelscheibchen

1. Maisgrieß in die kochende Gemüsebrühe rühren. Auf kleinem Feuer ca. 40 Minuten köcheln lassen.

2. Kürbiswürfel und gehackten Salbei unter den Mais rühren. 10 Minuten köcheln lassen. Abschmecken.

3. Mandelscheibchen in der Butter hellbraun rösten.

4. Kürbis-Mais-Polenta anrichten. Mit den Mandelscheibchen garnieren.

Abbildung: Kürbis-Ratatouille mit Cashewkernen, Rezept linke Spalte

Kürbis-Pflaumen-Sauce

250 g Kürbispüree

250 g gut reife Pflaumen, halbiert, entsteint, zerkleinert

100 ml/1 dl Wasser

150 ml/1,5 dl Apfelessig

150 g Vollrohrzucker

1 unbehandelte Zitrone, Saft und abgeriebene Schale

3 EL Marantamehl

100 ml/1 dl Wasser

1. Kürbispüree zubereiten: siehe Grundrezept Seite 104.

2. Pflaumen im eigenen Saft garen. Pürieren. Durch ein Sieb streichen.

3. Pflaumen- und Kürbispüree, Wasser, Essig, Vollrohrzucker, Zitronensaft und abgeriebene Zitronenschalen aufkochen. Das mit Wasser (100 ml) angerührte Marantamehl unter die Sauce rühren. Sauce auf kleinem Feuer 30 Minuten köcheln lassen.

4. Heiße Sauce in Gläser mit Schraubverschluß füllen. Sofort schließen.

5. Tip: Die Sauce schmeckt herrlich zu Getreidebratlingen, kaltem Fleisch und zu fernöstlichen Speisen.

Kürbis-Frites

1 kg Kürbisfleisch, am besten Potimarron, in Stäbchen (wie für pommes frites)

150 ml/1,5 dl Vollmilch

100 g Dinkelmehl, sehr fein gemahlen

½ TL Kräutermeersalz

Pfeffer aus der Mühle

1 EL Petersilie, fein gehackt

1 kleine Knoblauchzehe, fein gehackt

Maiskeimöl, zum Fritieren

1. Mehl, Salz und Pfeffer in einer großen Schüssel mischen.

2. Kürbisstäbchen in die Milch tauchen und anschließend in die Mehlschüssel geben. Schüssel kräftig schütteln, damit die Stäbchen möglichst gleichmäßig mit dem Mehl überzogen werden.

3. Kürbis-Frites im heißen Maiskeimöl in drei Portionen goldgelb backen. Auf Küchenpapier abtropfen lassen.

4. Frites in eine vorgewärmte Schüssel geben. Petersilie und Knoblauch darüberstreuen. Sofort servieren.

5. Variante: Frites im vorgeheizten Ofen bei 220 Grad auf geöltem Blech 15 bis 20 Minuten backen.

Kürbisgnocchi mit Nußsauce

300 g mehlige Kartoffeln, gewürfelt

400 g Kürbispüree

1½ TL Meersalz

½ TL schwarzer Pfeffer aus der Mühle

½ TL geriebene Muskatnuß

250 g Dinkelmehl, sehr fein gemahlen

100 g Parmesan, gerieben

1 Bund Schnittlauch, fein geschnitten

Nußsauce

250 g/2,5 dl Sahne/Rahm

100 g Walnüsse/Baumnüsse, fein gehackt

¼ TL geriebene Muskatnuß

1. Grundrezept Kürbispüree: Seite 104.

2. Kartoffeln im Dampf sehr weich kochen. Durch das Passevite drehen.

3. Kartoffeln und Kürbispüree mischen. Kräftig würzen. Das Mehl unter die Kartoffel-Kürbis-Masse arbeiten. Auf bemehlter Arbeitsfläche zu einem Teig zusammenfügen.

4. Aus dem Gnocchiteig 3 bis 4 Rollen von ca. 2 cm Durchmesser drehen. In 3 cm lange Stücke schneiden. Mit einer Gabel leicht flachdrücken.

5. Gnocchi portionenweise in reichlich Salzwasser kochen. Sobald sie an die Oberfläche steigen, mit einer Schaumkelle herausfischen.

6. Gnocchi in eine vorgewärmte Schüssel geben. Jede Lage mit Parmesan und Schnittlauch bestreuen.

7. Für die Sauce Sahne, Nüsse und Muskatnuß auf kleinem Feuer so lange köcheln lassen, bis die Sauce eindickt. Mit Salz, Pfeffer und Muskatnuß abschmekken.

Kürbis an Paprikasauce

30 g Butter

1 Zwiebel, fein gehackt

800 g Kürbisfleisch, gewürfelt

3 EL Paprikapulver

200 ml/2 dl Gemüsebrühe/-bouillon

200 g/2 dl saure Sahne/Sauerrahm

Kräutermeersalz

Pfeffer aus der Mühle

½ Bund frisches Basilikum, in Streifen geschnitten

1. Zwiebeln in Butter dünsten. Kürbis und Paprika dazugeben. Kurz mitdünsten. Mit der Gemüsebrühe ablöschen. Zugedeckt auf kleinem Feuer 20 Minuten garen.

2. Dem Gemüse wenig Flüssigkeit entnehmen. Mit der sauren Sahne verrühren.

3. Saure Sahne und Gemüse mischen. Würzen. Mit dem Basilikum garnieren.

Gefüllte Pfannkuchen

für 8 bis 10 Pfannkuchen

2 Freilandeier

200 ml/2 dl Vollmilch

125 g Dinkelmehl, sehr fein gemahlen

30 g flüssige Butter

½ TL Meersalz

Butterschmalz/Bratbutter, zum Braten

Füllung

1 EL Butterschmalz/Bratbutter

300 g Kürbisfleisch, klein gewürfelt

250 g Sojasprossen

200 g Champignons, in Scheiben

2 EL Sojasauce, z. B. Tamari

100 g Crème fraîche

frischer Thymian, fein gehackt

1 Sträußchen Petersilie, fein gehackt

Kräutermeersalz

1. Für die Pfannkuchen Eier verquirlen. Milch, Mehl und flüssige Butter unter die Eimasse rühren. Würzen.

2. Für die Füllung Kürbiswürfel, Sojasprossen und Champignons in der Butter dünsten. Mit der Sojasauce ablöschen. Auf kleinem Feuer zugedeckt bißfest garen. Crème fraîche und Kräuter darunterrühren. Abschmecken.

3. Im Butterschmalz dünne Pfannkuchen ausbacken. Warm stellen.

4. Heiße Füllung auf die Pfannkuchen geben. Einschlagen. Sofort servieren.

Kürbispfannkuchen

500 g Kürbispüree

1 mittelgroßer Lauch/Porree, in Ringen

1 EL Butter

2 Freilandeier, verquirlt

125 g/1,25 dl Sahne/Rahm

Kräutermeersalz

Pfeffer aus der Mühle

geriebene Muskatnuß

2 EL Maiskeimöl

einige Petersilienzweige, fein gehackt

1. Kürbispüree zubereiten: siehe Grundrezept Seite 104.

2. Lauch in der Butter dünsten.

3. Eier, Sahne und Gewürze mit dem Kürbispüree und dem Lauch mischen.

4. Aus der Kürbismasse im nicht zu heißen Öl langsam Pfannkuchen backen. Mit der Petersilie garnieren.

Abbildung: Gefüllte Pfannkuchen, Rezept linke Spalte

Kürbis-Roggen-Bratlinge

100 g mittelfeines Roggenschrot

600 ml/6 dl Wasser

2 TL Gemüsebrüheextrakt

½ TL getrockneter Thymian

300 g Kürbisfleisch, z. B. Potimarron, fein geraspelt

1 kleine Zwiebel, fein gehackt

1 EL Butterschmalz/Bratbutter

150 g Vollmilchquark

2 Freilandeier

2 EL Kräuter, fein gehackt

geriebene Muskatnuß

Kräutermeersalz

Pfeffer aus der Mühle

wenig Dinkelmehl, zum Formen

Butterschmalz/Bratbutter, zum Braten

1. Roggenschrot im Wasser 12 Stunden einweichen. Im Einweichwasser zusammen mit dem Thymian unter zeitweiligem Rühren 15 Minuten auf kleinem Feuer köcheln lassen. Schrot auf der ausgeschalteten Herdplatte zugedeckt 30 Minuten nachquellen lassen. Mit dem Gemüsebrüheextrakt würzen. Auskühlen lassen.

2. Quark in einem Sieb abtropfen lassen.

3. Kürbisfleisch und Zwiebeln im Butterschmalz 5 Minuten dünsten.

4. Verquirlte Eier und Quark verrühren. Gedünsteten Kürbis, Roggenschrot, Kräuter und Gewürze mit der Eier-Quark-Masse mischen.

5. Aus der Kürbis-Roggen-Masse mit bemehlten Händen kleine Bratlinge formen. Bratlinge im Butterschmalz knusprig braten. Mit einer Kräutersauce servieren.

Kürbis-Möhren-Eintopf

1 Zwiebel, fein gehackt

1 Knoblauchzehe, fein gehackt

1 EL Butter

600 g Kürbisfleisch, gewürfelt

600 g Möhren/Karotten, in Scheiben

100 ml/1 dl Gemüsebrühe/-bouillon

Pfeffer aus der Mühle

1 Msp Ingwerpulver

2 EL saure Sahne/Sauerrahm

1 Sträußchen Petersilie, fein gehackt

1. Zwiebeln und Knoblauch in der Butter dünsten. Kürbis und Möhren dazugeben und mitdünsten. Mit der Gemüsebrühe ablöschen. Auf kleinem Feuer ca. 15 Minuten garen. Würzen.

2. Kürbis-Möhren-Eintopf mit der sauren Sahne verfeinern. Mit der Petersilie garnieren.

Kürbisspaghetti an scharfer Tomatensauce

1 Spaghettikürbis, ca. 1,5 kg

3 El Olivenöl

Kräutermeersalz

Pfeffer aus der Mühle

Parmesan, gerieben

Tomatensauce

1 mittelgroße Zwiebel, fein gehackt

1 Knoblauchzehe, fein gehackt

1 grüner Gemüsepaprika/Peperoni, halbiert, Stielansatz und Kerne entfernt, gewürfelt

6 große Tomaten, ohne Haut und Stielansatz, gewürfelt

1 kleine Pfefferschote, längs halbiert, Stielansatz und Kerne entfernt, fein geschnitten

Kräutermeersalz

Pfeffer aus der Mühle

frische Gartenkräuter, gehackt

1. Kürbis in reichlich Wasser 30 bis 40 Minuten garen. Aus dem Wasser nehmen. 30 Minuten abkühlen lassen.

2. Kürbis quer halbieren. Schale und Kerne entfernen. Kürbisspaghetti von innen nach außen sorgfältig lösen.

3. Für die Tomatensauce Zwiebeln, Knoblauch und Gemüsepaprika im Olivenöl dünsten. Tomaten und Pfefferschoten dazugeben. Sauce zugedeckt ca. 20 Minuten garen. Gartenkräuter beigeben. Würzen.

4. Kürbisspaghetti im heißen Olivenöl erwärmen. Bei Bedarf noch etwas nachgaren. Würzen.

5. Kürbisspaghetti anrichten. Tomatensauce darübergießen. Mit dem Parmesan bestreuen.

Kürbis-Milchreis

250 g Kürbispüree von Potimarron

200 g Rundkorn-Vollreis

450 ml/4,5 dl Wasser

200 ml/2 dl Vollmilch

wenig Vollrohrzucker oder Ahornsirup, nach Belieben

½ TL Vanille- oder Zimtpulver

1. Kürbispüree zubereiten: siehe Grundrezept Seite 104.

2. Reis im Wasser während 30 Minuten auf kleinem Feuer garen. 30 Minuten zugedeckt nachquellen lassen.

3. Reis zusammen mit der Milch auf kleinem Feuer unter zeitweiligem Rühren nochmals 10 Minuten köcheln lassen. Kürbispüree darunterrühren. Aufkochen. Nach Belieben süßen und mit dem Vanillepulver aromatisieren.

Marinierter Kürbis

---

600 g Kürbisfleisch, klein gewürfelt

---

2 Sproß Stauden-/Stangensellerie, in dünnen Scheiben

---

2 EL Olivenöl

---

1 Zwiebel, in dünnen Scheiben

---

wenig Wasser oder Gemüsebrühe/-bouillon

Marinade

---

6 EL kaltgepreßtes Olivenöl extra vergine

---

3 EL Balsamico Essig

---

wenig Zitronensaft

---

1 unbehandelte Zitrone, wenig abgeriebene Schale

---

2 EL Petersilie, fein gehackt

---

1 Knoblauchzehe, fein gehackt

Kräutermeersalz

Pfeffer aus der Mühle

½ Bund Basilikum, fein geschnitten, für die Garnitur

---

1. Kürbiswürfel, Zwiebeln und Sellerie im Öl dünsten. Mit wenig Flüssigkeit ablöschen. Zugedeckt bißfest garen.

2. Kürbis anrichten. Mit der Marinade beträufeln und dem Basilikum garnieren.

Nudel-Kürbis-Auflauf

---

400 g Kürbisfleisch, klein gewürfelt

Kräutermeersalz

½ Zitrone, Saft

---

100 g Tempeh, fein gewürfelt (Speckersatz)

---

250 g kurze Vollkornnudeln/-teigwaren

---

5 Salbeiblätter, fein geschnitten

---

100 g Gorgonzola, zerbröckelt

---

300 g/3 dl Sahne/Rahm

---

1. Kürbiswürfelchen mit dem Salz und dem Zitronensaft würzen. Mit dem Tempeh mischen.

2. Nudeln in reichlich Salzwasser al dente kochen. Abschütten.

3. Nudeln, Kürbis, Salbei, Gorgonzola und Sahne mischen. Abschmecken. In eine gebutterte Gratinform füllen.

4. Nudel-Kürbis-Auflauf im vorgeheizten Ofen bei 200 Grad 40 Minuten backen.

Abbildung: Nudel-Kürbis-Auflauf, Rezept oben

Kürbiseintopf mit Kichererbsen

für 6 Personen

200 g Kichererbsen

800 ml/8 dl Wasser

50 g getrocknete Aprikosen, gewürfelt

50 ml/0,5 dl Orangensaft

2 EL Sesamöl

1 Zwiebel, grob gehackt

150 g Möhren/Karotten, gewürfelt

100 g Knollensellerie, gewürfelt

150 g Lauch/Porree, in Ringen

50 g Petersilienwurzel, gewürfelt

300 g Kürbisfleisch, groß gewürfelt

2 Äpfel, in Spalten

wenig Meersalz

je eine Prise Zimt, Nelkenpulver, Piment und Cayennepfeffer

1–2 TL Kurkuma (Gelbwurz)

2–3 EL Zitronensaft

2 EL Sesamsamen, geröstet

einige Zweige Petersilie, fein gehackt

1. Kichererbsen über Nacht im Wasser einweichen.

2. Aprikosen im Orangensaft marinieren.

3. Kichererbsen im Einweichwasser auf kleinem Feuer 1 Stunde köcheln lassen.

4. Zwiebeln im Sesamöl dünsten. Möhren, Sellerie, Lauch, Petersilienwurzel und Kürbis mitdünsten. Kichererbsen, Aprikosen und Äpfel beifügen. Würzen mit Meersalz, Zimt, Nelkenpulver, Piment und Cayennepfeffer. Für die gelbe Farbe Kurkuma beifügen. Eintopf zugedeckt auf kleinem Feuer köcheln lassen, bis das Gemüse gar ist. Eventuell wenig Wasser beifügen.

5. Eintopf mit Zitronensaft abschmecken. Mit den Sesamsamen und der gehackten Petersilie bestreuen.

Kürbis-Käse-Gratin

600 g Kürbisfleisch, am besten Muschus-Kürbis oder Potimarron, gewürfelt

150 g Parmesan, gerieben

Kräutermeersalz

Pfeffer aus der Mühle

50 g Butter

1. Kürbis 2 Minuten im Dampf garen.

2. Die Hälfte Kürbis in eine gebutterte Gratinform füllen. Würzen. Mit der Hälfte Käse bestreuen. Restlichen Kürbis darauf verteilen. Würzen. Mit dem Käse abschließen. Butterstückchen darauf verteilen.

3. Kürbis-Käse-Gratin im vorgeheizten Ofen bei 180 Grad ca. 30 Minuten backen.

4. Tip: Je nach Kürbissorte 100 bis 200 ml Flüssigkeit beigeben.

Kürbis-Bohnen-Gratin

300 g getrocknete rote Bohnen/ Kidneybohnen

300 g Kürbisfleisch, in Scheiben

1 große Zwiebel, in Scheiben

2 Knoblauchzehen, gehackt

1 TL Meersalz

Pfeffer aus der Mühle

2 EL Olivenöl

50 g Vollkornbrotbrösel/-paniermehl

1 Bund Petersilie, fein gehackt

1. Rote Bohnen über Nacht in kaltem Wasser einweichen. Einweichwasser weggießen.

2. Bohnen in reichlich Wasser (ohne Salz) auf kleinem Feuer ca. 1 Stunde zugedeckt garen. Wasser abschütten (kann für eine Suppe verwendet werden).

3. In einer großen Bratpfanne in wenig Olivenöl Zwiebelscheiben und Knoblauch dünsten. Zwiebeln und Knoblauch auf die Seite stellen.

4. In der Zwiebelpfanne die Kürbisscheiben in reichlich Öl portionenweise goldgelb braten.

5. Bohnen und Kürbisscheiben abwechslungsweise in eine gebutterte Gratinform füllen. Jede Lage gut würzen und mit der Zwiebel-Knoblauch-Mischung bestreuen.

Vollkornbrotbrösel und Petersilie darüberstreuen. Mit dem Olivenöl beträufeln.

6. Kürbis-Bohnen-Gratin im vorgeheizten Ofen bei 200 Grad ca. 25 Minuten bakken.

Fritierte Kürbis- und Zucchiniblüten

je 12 Kürbis- und Zucchiniblüten, Stempel entfernt

2 Freilandeier

100 ml/1 dl Vollmilch

1 TL Chilipulver

1 TL Kräutermeersalz

¼ TL gemahlener Kümmel

100 g Dinkelmehl, sehr fein gemahlen

100 g Marantamehl

Maiskeimöl, zum Fritieren

1. Eier und Milch verrühren. Würzen.

2. Dinkelmehl und Marantamehl mischen.

3. Blüten zuerst in die Eier-Milch-Mischung tauchen und dann mit dem Mehl bestäuben (Sieb verwenden). Blüten 10 Minuten kühl stellen.

4. Kürbis- und Zucchiniblüten in der Friteuse schwimmend oder in einer Bratpfanne halbschwimmend goldgelb backen.

Kürbis-Tomaten-Gratin

3 EL Olivenöl

1 kleine Zwiebel, fein gehackt

2 Knoblauchzehen, fein gehackt

1 Sträußchen Petersilie, gehackt

1 Bund Schnittlauch, fein geschnitten

600 g Tomaten

2 EL Rotwein

Kräutermeersalz

Pfeffer aus der Mühle

3 EL Olivenöl

600 g Kürbisfleisch, in nicht zu dünnen Stäbchen

100 g Parmesan, gerieben

1. Tomaten übers Kreuz einritzen. Kurz in kochendes Wasser geben, bis sich die Haut zu lösen beginnt. Schälen, Stielansatz entfernen. Tomaten zerkleinern.

2. Zwiebeln und Knoblauch im Öl dünsten. Kräuter und Tomaten dazugeben und mitdünsten. Mit dem Rotwein ablöschen. Würzen. Tomatensauce auf kleinem Feuer 15 Minuten zugedeckt köcheln lassen.

3. Kürbisstäbchen im Öl 5 Minuten braten. In eine Gratinform füllen. Würzen. Tomatensauce darübergießen. Käse darüberstreuen.

4. Gratin im vorgeheizten Ofen bei 200 Grad 20 Minuten backen.

Toskanischer Kürbis-Paprika-Gratin

1 EL Olivenöl

1 kleine Zwiebel, fein gehackt

1 grüner Gemüsepaprika/Peperoni, halbiert, Stielansatz und Kerne entfernt, in dünnen Streifen

800 g Kürbispüree

2 EL Apfelessig

½ TL Meersalz

Pfeffer aus der Mühle

Paprika, nach Belieben

2 EL Sultaninen

50 g Reibkäse

1 EL Brotwürfelchen

30 g Reibkäse

1. Kürbispüree zubereiten: Seite 104.

2. Zwiebeln und Gemüsepaprika im Öl weichdünsten. Kürbispüree, Essig, Gewürze und Sultaninen dazugeben.

3. Gemüsemasse mit dem Käse (50 g) mischen. In eine gebutterte Gratinform füllen. Brotwürfelchen und restlichen Käse darüberstreuen.

4. Gratin im vorgeheizten Ofen bei 220 Grad 30 bis 40 Minuten backen.

Abbildung: Kürbis-Tomaten-Gratin, Rezept linke Spalte

Kürbisgnocchi mit Tomatensauce überbacken

---

500 g Potimarronpüree

---

250 g Ricotta

---

75 g Parmesan, gerieben

---

1 Freilandei

200–250 g Dinkelmehl, fein gemahlen

Meersalz

Pfeffer aus der Mühle

---

geriebene Muskatnuß

Tomatensauce

---

500 g Tomaten

---

1 EL Olivenöl

Kräutermeersalz

Pfeffer aus der Mühle

---

1 Bund Basilikum, fein gehackt

---

75 g Parmesan, gerieben, zum Gratinieren

---

1. Kürbispüree zubereiten: siehe Grundrezept Seite 104.

2. Tomaten übers Kreuz einritzen. Kurz in kochendes Wasser geben, bis sich die Haut zu lösen beginnt. Tomaten schälen. Stielansatz entfernen. Früchte zerkleinern. Im Öl 5 Minuten dünsten. Würzen. Nach Belieben pürieren. Basilikum darunterrühren.

3. Für die Gnocchi Kürbispüree, Ricotta, Parmesan und Ei mischen. Gut würzen. So viel Dinkelmehl beigeben, bis der Teig fest ist und nicht mehr klebt.

4. Vom Gnocchiteig mit einem Eßlöffel Klöße abstechen. Mit einem zweiten Eßlöffel formen.

5. Gnocchi portionenweise in kochendes Salzwasser geben. Sobald sie an die Oberfläche steigen, mit der Schaumkelle herausfischen und in eine gebutterte Gratinform geben.

6. Gnocchi mit der Tomatensauce überziehen. Käse darüberstreuen. Im vorgeheizten Ofen bei 200 Grad ca. 15 Minuten überbacken.

Kürbis-Kartoffel-Püree

---

500 g mehlige Kartoffeln

---

400 g mehliges Kürbisfleisch, z. B. Potimarron; geraspelt

---

100 g Zwiebeln, fein gehackt

---

20 g Butter

---

200 g/2 dl Sahne/Rahm oder Milch

---

je 1 Prise Muskatnuß und Pfeffer

Meersalz

Petersilie, fein gehackt

---

1. Kartoffeln in der Schale im Dampf garen. Noch heiß schälen und durch das Passevite drehen.

2. Zwiebeln in der Butter dünsten. Kürbisfleisch beifügen und kurz mitdünsten. Mit der Sahne oder der Milch ablöschen. Garen. Kürbis durch das Passevite drehen.

3. Kürbis- und Kartoffelpüree unter Rühren aufkochen. Würzen. Mit der Petersilie garnieren.

Kürbis-Kartoffel-Gratin

750 g Kürbisfleisch, gewürfelt

2 Kartoffeln, geschält, in Scheiben

2 Zwiebeln, fein gehackt

1 EL Butterschmalz/Bratbutter

Guß

3 Freilandeier

300 ml/3 dl Milch

50 g Parmesan, gerieben

Meersalz

Pfeffer aus der Mühle

1. Zwiebeln im Butterschmalz dünsten. Kürbis und Kartoffeln dazugeben. Kurz mitdünsten.

2. Kürbis und Kartoffeln in eine gebutterte Gratinform füllen. Gut gewürzten Eierguß darübergießen.

3. Kürbis-Kartoffel-Gratin im vorgeheizten Ofen bei 220 Grad auf mittlerem Einschub 30 bis 40 Minuten backen.

Kürbis-Kartoffel-Eintopf mit Feta

400 g Kürbisfleisch, gewürfelt

600 g Kartoffeln, geschält und gewürfelt

2 Zucchini, gewürfelt

2 EL Olivenöl

1 TL Thymianpulver

1 TL Majoranpulver

1 Prise Ingwerpulver

1 Prise Paprikapulver

400 ml/4 dl Gemüsebrühe/-bouillon

Kräutermeersalz

150 g Feta, gewürfelt

1/2 Bund frisches Basilikum, fein geschnitten

kaltgepreßtes Olivenöl extra vergine, zum Beträufeln

1. Kürbis und Zucchini im Olivenöl dünsten. Kartoffeln und Gewürze beifügen. Mit der Gemüsebrühe ablöschen. Auf kleinem Feuer zugedeckt garen, bis die Kartoffeln weich sind. Abschmecken.

2. Kürbiseintopf anrichten. Feta und Basilikum darüberstreuen. Mit wenig kaltgepreßtem Olivenöl beträufeln.

Lasagne mit Kürbis- und Steinpilzfüllung

200 g Vollkornteigblätter, ohne Kochen zu verwenden (Reformhaus)

Füllung

1 EL Olivenöl

1 Zwiebel, fein gehackt

1 Knoblauchzehe, fein gehackt

600 g Kürbisfleisch, gewürfelt

200 g/2 dl Sahne/Rahm

Thymian

Majoran

Provencekräuter

Kräutermeersalz

400 g Steinpilze, frisch oder tiefgekühlt, oder andere Pilze, geputzt, in feinen Scheiben

1 EL Butter

2 EL Reibkäse

1. Zwiebeln und Knoblauch im Olivenöl kurz dünsten. Das Kürbisfleisch dazugeben. Würzen. Mit der Sahne ablöschen. Auf kleinem Feuer zugedeckt weichkochen. Pürieren. Abschmecken.

2. Für die Pilze Kochtopf aufheizen. Butter und Pilze gleichzeitig in den Topf geben. Bei starker Hitze kurz dünsten. Würzen.

3. Eine rechteckige Gratinform einbuttern. Boden mit Kürbispüree decken. Fortfahren mit einer Lage Lasagneblätter, einer Lage Kürbispüree, einer Lage Pilze, einer Lage Lasagneblätter, einer Lage Kürbispüree usw. Abschließen mit Kürbispüree. Reibkäse darüberstreuen.

4. Lasagne im vorgeheizten Ofen bei 200 Grad 30 bis 40 Minuten backen.

Schneller Kürbisgratin mit Gartenkräutern

800 g Kürbisfleisch, gewürfelt

Dinkelmehl, zum Wenden

2 Knoblauchzehen, fein gehackt

1 Sträußchen Petersilie, fein gehackt

1 Bund Schnittlauch, fein geschnitten

2 EL Gartenkräuter, gehackt

Kräutermeersalz

Pfeffer aus der Mühle

150 g/1,5 dl Sahne/Rahm

1. Kürbiswürfel im Mehl drehen. In eine gebutterte Gratinform füllen. Kräuter und Knoblauch darüberstreuen. Würzen. Mit der Sahne auffüllen.

2. Gratin im vorgeheizten Ofen bei 200 Grad ca. 30 Minuten backen.

Abbildung: Schneller Kürbisgratin mit Garten-Kräutern, Rezept oben

Griechischer Gratin mit Fetakäse

400 g Auberginen, in 1 cm dicken Scheiben ·

je 1 grüner und roter Gemüsepaprika/ Peperoni, halbiert, Stielansatz und Kerne entfernt, gewürfelt

600 g Kürbisfleisch, gewürfelt

2 EL Olivenöl

2 TL Provencekräuter, frisch oder getrocknet

1 Msp Ingwer

Paprika

Pfeffer aus der Mühle

Kräutermeersalz

200 ml/2 dl Gemüsebrühe/-bouillon

200 g Fetakäse, gewürfelt

200 g/2 dl Sahne/Rahm

50 g Pecorino, gerieben

½ Bund Basilikum, fein geschnitten

1. Auberginen, Gemüsepaprika und Kürbis im Olivenöl kurz dünsten. Kräuter beigeben. Gut würzen. Mit der Gemüsebrühe ablöschen. Auf kleinem Feuer 5 Minuten köcheln lassen.

2. Gemüse und Fetakäse in eine gebutterte Gratinform füllen. Mischen. Mit der Sahne auffüllen. Pecorino darüberstreuen.

3. Gratin im vorgeheizten Ofen bei 200 Grad 30 Minuten backen.

4. Gebackenen Gratin mit dem Basilikum garnieren.

Kürbisspaghetti an Crevettensauce

1 Spaghettikürbis, ca. 1,5 kg

Butterschmalz/Bratbutter

Kräutermeersalz

Pfeffer aus der Mühle

Sauce

200 g gekochte Crevetten

wenig Gemüsebrühe/-bouillon

200 g/2 dl Sahne/Rahm

einige Spritzer Zitronensaft

Pfeffer aus der Mühle

1 Bund Dill, fein gehackt

1. Kürbis in reichlich Wasser 30 bis 40 Minuten garen. 30 Minuten auskühlen lassen. Kürbis quer halbieren. Schale und Kerne entfernen. Die Spaghettifäden von innen nach außen sorgfältig lösen.

2. Sahne und Gemüsebrühe wenig einköcheln lassen. Crevetten dazugeben. Würzen. Dill daruntermischen.

3. Kürbisspaghetti in der Crevettensauce erhitzen. Abschmecken.

Kürbis-Amaretti-Kuchen

*für eine runde Form/Springform von
28 cm Durchmesser*

500 g Kürbispüree

100 g Vollrohrzucker

2 EL Akazienhonig

2 Freilandeier

200 g Mandeln, fein gerieben

*150 g Amaretti (Bittermandelgebäck),
zerkrümelt*

1 Orange, Saft

3 EL Rum oder Orangensaft

50 g Sultaninen

50 g Dinkelmehl, sehr fein gemahlen

2 TL Weinsteinbackpulver

1. Kürbispüree zubereiten: siehe Grundrezept Seite 104.

2. Zucker, Akazienhonig und Eigelb schaumig rühren. Übrige Zutaten, außer dem Eiweiß, nach und nach unter die schaumige Masse rühren. Ganz am Schluß das zu Eischnee geschlagene Eiweiß unter den Teig ziehen. Teig in die gebutterte Form füllen.

3. Kürbis-Amaretti-Kuchen im vorgeheizten Ofen bei 190 Grad auf mittlerem Einschub 50 bis 60 Minuten backen.

4. Tip: Der Kuchen schmeckt am besten, wenn er 2 Tage alt ist.

Kürbis-Teegebäck

für 60 Stück

150 g Vollrohrzucker

200 g weiche Butter

1 Freilandei

250 g Kürbispüree

*2 TL Vanillemark (Vanilleschote längs
halbieren, Mark auskratzen)*

1 Prise Meersalz

*80 g Walnüsse/Baumnüsse, grob
gehackt*

50 g dunkle Schokolade, grob gehackt

2 EL Grand Marnier (fakultativ)

250 g Dinkelmehl, sehr fein gemahlen

1 TL Weinsteinbackpulver

1. Kürbispüree zubereiten: siehe Grundrezept Seite 104.

2. Butter und Vollrohrzucker schaumig rühren. Ei und Kürbispüree darunterrühren. Vanillemark, Salz, Nüsse, Schokolade und Grand Marnier beifügen. Das mit dem Backpulver vermischte Mehl darunterziehen.

3. Ein rechteckiges Kuchenblech mit Backpapier auslegen. Teig eßlöffelweise im Abstand von 5 cm auf das Blech geben.

4. Kürbisgebäck im vorgeheizten Ofen bei 190 Grad auf mittlerem Einschub 15 Minuten goldgelb backen.

Kürbisbrot mit Pinienkernen

für eine Kastenform/Cakeform von 28 cm Länge

250 g Kürbispüree

125 g weiche Butter

50 g Vollrohrzucker

2 Freilandeier

1 TL Meersalz

1 Msp Nelkenpulver

1 TL Zimtpulver

½ TL geriebene Muskatnuß

100 g Pinienkerne

400 g Dinkelmehl, sehr fein gemahlen

2 TL Weinsteinbackpulver

1. Kürbispüree zubereiten: siehe Grundrezept Seite 104.

2. Butter und Vollrohrzucker schaumig rühren. Eier beifügen und einige Minuten weiterrühren. Sämtliche Gewürze, Kürbispüree und Pinienkerne dazugeben. Das mit dem Backpulver gemischte Mehl nach und nach unter den Teig rühren. Teig in die gebutterte Form füllen.

3. Kürbisbrot im vorgeheizten Ofen bei 190 Grad auf mittlerem Einschub 50 bis 60 Minuten backen.

Abbildung Kürbisbrot Seite 97

Kürbis-Bananen-Torte

150 g Kürbispüree

250 g weiche Butter

160 g Vollrohrzucker

3 Freilandeier, verquirlt

250 g Dinkelmehl, sehr fein gemahlen

2 TL Weinsteinbackpulver

2 TL Zimtpulver

125 g Bananenpüree

50 g Walnüsse/Baumnüsse, gehackt

Füllung

250 g Vollmilchquark oder 250 g Schlagsahne/-rahm

1–2 Bananen

200 g/2 dl Schlagsahne/-rahm, für die Garnitur

Mandelblättchen oder geriebene Walnüsse/Baumnüsse, für die Garnitur

1. Kürbispüree zubereiten: siehe Grundrezept Seite 104.

2. Butter und Zucker schaumig rühren. Eier nach und nach unter ständigem Rühren zur Buttermasse geben.

3. Das mit dem Backpulver und dem Zimt gemischte Mehl unter die Butter-Eier-Masse rühren. Bananen- und Kürbispüree sowie Walnüsse unter den Teig rühren. In die gebutterte Form füllen.

4. Kürbis-Bananen-Torte im vorgeheizten Ofen bei 190 Grad ca. 40 Minuten backen. 15 Minuten nach Ende der Backzeit aus der Form nehmen.

5. Für die Füllung Bananen pürieren. Quark oder Schlagsahne unter das Bananenpüree ziehen.

6. Torte horizontal halbieren. Mit der Bananencreme füllen. Auf den Deckel und den Rand die Schlagsahne auftragen. Mit den Mandelblättchen oder den gehackten Nüssen garnieren.

Abbildung: Kürbis-Bananen-Torte, Rezept Seite 74

Kürbis-Gewürz-Roulade

150 g Kürbispüree
150 g Akazienhonig
3 Eigelb von Freilandeiern
1 TL Zitronensaft
2 TL Zimtpulver
1 TL Ingwerpulver
½ TL Muskatnuß
½ TL Meersalz
125 g Dinkelmehl, Kleie ausgesiebt (ohne Kleie gewogen)
1 TL Weinsteinbackpulver
30 g flüssige Butter
3 Eiweiß
Füllung
500 g Vollmilchquark
200 g Beeren der Saison
wenig Akazienhonig, nach Belieben
Vanillepulver

1. Kürbispüree zubereiten: siehe Grundrezept Seite 104.

2. Honig und Eigelb von Hand oder mit dem Mixer zu einer dickflüssigen, hellen Masse rühren. Kürbispüree, Zitronensaft, Gewürze und das mit dem Backpulver gemischte Mehl darunterrühren. Ganz am Schluß das zu Eischnee geschlagene Eiweiß und die flüssige Butter darunterziehen.

3. Biskuitteig auf einem mit Backpapier belegten Blech quadratisch 40 x 40 cm ausstreichen.

4. Biskuit im vorgeheizten Ofen bei 190 Grad auf mittlerem Einschub ca. 15 Minuten backen. Biskuit auf ein mit Vollrohrzucker bestreutes Küchentuch stürzen. Backpapier entfernen. Biskuit mit dem umgekehrten Blech decken (so bleibt das Biskuit weich). Biskuit auskühlen lassen.

5. Füllung auf das ausgekühlte Biskuit streichen. Biskuit durch Anheben des Küchentuches auf einer Längsseite einrollen.

Abbildung: Kürbis-Gewürz-Roulade, Rezept oben

Kathrins Kürbis-Quark-Kuchen

für eine Kastenform/Cakeform von 24 cm Länge
Kuchenboden
200 g Vollkornkekse/-biskuits
3–4 EL Rum
30 g weiche Butter
Füllung
400 g Kürbispüree
400 g Vollmilchquark

150 g Vollrohrzucker

3 Freilandeier, verquirlt

1 TL Ingwerpulver

1 EL Zimtpulver

½ EL geriebene Muskatnuß

¼ TL Nelkenpulver

3 EL Rum

1. Kürbispüree zubereiten: siehe Grundrezept Seite 104.

2. Vollkornkekse zerbröckeln. Mit dem Rum mischen. 30 Minuten marinieren. Butter darunterrühren. Zu einer zusammenhaltenden Masse rühren.

3. Kastenform einbuttern oder mit Backpapier auslegen. Boden und Wände der Form 2 bis 3 cm hoch mit der Keksemasse einkleiden.

4. Für die Füllung Vollmilchquark und Zucker verrühren. Eier unter die Quarkmasse rühren. Kürbispüree, Gewürze und Rum beigeben. Gut rühren.

5. Quarkmasse in die vorbereitete Form füllen. Glattstreichen.

6. Quark-Kürbis-Kuchen im vorgeheizten Ofen bei 190 Grad auf mittlerem Einschub 50 bis 60 Minuten backen. Im ausgeschalteten Ofen erkalten lassen. Das Gebäck nicht stürzen.

Ruths Hefeteig-Kürbisrollen

150 g Kürbispüree

30 g flüssige Butter, zum Einpinseln

Hefeteig

40 g Hefe

1 EL Vollrohrzucker

500 g Dinkelmehl, sehr fein gemahlen

250 ml/2,5 dl lauwarme Milch

75 g weiche Butter

1 Freilandei

1 TL Meersalz

3 EL Vollrohrzucker

1. Kürbispüree zubereiten: Rezept S. 104.

2. Hefe in einem Eßlöffel Zucker auflösen.

3. Mehl in eine große Schüssel geben. Übrige Zutaten zusammen mit dem Kürbispüree zum Mehl geben. Zu einem Teig zusammenfügen. Teig von Hand oder in der Küchenmaschine 10 bis 15 Minuten kneten. Zugedeckt um das Doppelte aufgehen lassen. Nochmals kneten.

4. Teig portionenweise auf bemehlter Arbeitsfläche zu Rollen von 6 cm Durchmesser drehen. In 3 cm lange Stücke schneiden. Teigrollen mit flüssiger Butter einpinseln. Auf ein gebuttertes Blech setzen. Nochmals 30 Minuten gehen lassen.

5. Kürbisrollen im vorgeheizten Ofen bei 190 Grad 20–25 Minuten backen.

Grossmutters Kürbistorte

für eine Ring-/Springform von 24 cm Durchmesser

100 g Vollrohrzucker, fein gemahlen

4 Freilandeier

1 EL Zitronensaft

1 TL Zimt

1 Prise Meersalz

125 g Haselnüsse, gerieben

100 g dunkle Schokolade, zerbröckelt

300 g Kürbisfleisch, fein gerieben (Bircher-Rohkostreibe)

100 g Dinkelmehl, sehr fein gemahlen

1 TL Weinsteinbackpulver

150 g Preiselbeermarmelade

wenig fein gemahlener Vollrohrzucker

1. Vollrohrzucker und Eier schaumig rühren. Zitronensaft, Gewürze, Haselnüsse und Schokolade beigeben. Fein geriebenen Kürbis und das mit dem Backpulver vermischte Mehl abwechslungsweise unter die Eimasse ziehen.

2. Teig in die gut gebutterte Form füllen. Glattstreichen.

3. Kürbistorte im vorgeheizten Ofen bei 190 Grad auf unterem Einschub 40 Minuten backen. Auskühlen lassen.

4. Kürbistorte horizontal halbieren. Mit der Preiselbeermarmelade füllen. Deckel aufsetzen. Mit dem fein gemahlenen Vollrohrzucker bestreuen.

5. Tip: Der Kuchen schmeckt am besten, wenn er 2 Tage alt ist.

Kürbisplätzchen

175 g Kürbispüree

125 g Butter

3 EL Vollrohrzucker

1 Beutel (20 g) Weinsteinbackpulver

½ TL Meersalz

½ TL Zimtpulver

300 g Dinkelmehl, sehr fein gemahlen

50 g Pecannüsse, grob gehackt

100 g Vollmilchquark

1. Kürbispüree zubereiten: siehe Grundrezept Seite 104.

2. Butter und alle trockenen Zutaten mischen. Quark und Kürbispüree darunterrühren.

3. Teig auf bemehlter Arbeitsfläche 15 mm dick ausrollen. Teigrondellen von ca. 5 cm Durchmesser ausstechen. In das gefettete Blech legen.

4. Kürbisrondellen im vorgeheizten Ofen bei 190 Grad auf mittlerem Einschub ca. 20 Minuten backen.

Bethlis Gugelhupf

400 g Kürbispüree, am besten
Potimarron

20 g Hefe

1 EL Vollrohrzucker

500 g Dinkelmehl, sehr fein gemahlen

1 TL Meersalz

100 g Vollrohrzucker

100 g weiche Butter

2 EL Kirsch oder Orangensaft

20 g Mandelblättchen

1. Kürbispüree zubereiten: siehe Grundrezept Seite 104.

2. Hefe im Zucker (1 EL) auflösen.

3. Dinkelmehl und Salz in einer Schüssel mischen. Eine Vertiefung machen. Flüssige Hefe, Kirsch oder Orangensaft, Kürbispüree, Zucker und Butter in die Vertiefung geben. Zu einem Teig rühren. Teig mit einer Lochkelle 10 Minuten kräftig rühren.

4. Mandelblättchen in die gefettete Gugelhupfform streuen. Hefeteig einfüllen. Teig an einem warmen Ort zugedeckt um das Doppelte aufgehen lassen.

5. Gugelhupf im vorgeheizten Ofen bei 200 Grad auf unterem Einschub 45 bis 50 Minuten backen.

Abbildung nächste Seite

Fritierte Kürbisblinis

für 20 Blinis

250 g Kürbispüree

150 g Dinkelmehl, sehr fein gemahlen

½ TL Weinsteinbackpulver

60 g Vollrohrzucker

wenig geriebene Muskatnuß

125 ml/1,25 dl Vollmilch

1 Freilandei, verquirlt

Maiskeimöl, zum Fritieren

1. Kürbispüree zubereiten: siehe Grundrezept Seite 104.

2. Mehl, Backpulver, Zucker und Muskatnuß in einer Schüssel mischen.

3. Milch, Kürbispüree und Ei unter das Mehl rühren. Teig an einem warmen Ort zugedeckt mindestens 30 Minuten stehen lassen.

4. Teig eßlöffelweise ins heiße Öl geben (Bratpfanne). Blinis 5 Minuten backen.

5. Blinis auf Haushaltpapier abtropfen lassen. Warm servieren.

6. Kürbisblinis mit Ahorn- oder Maissirup servieren. Sie eignen sich ausgezeichnet für das sonntägliche Frühstück.

Abbildung Seite 37

Würzige Kürbismuffins

für 12–14 Muffins

36 Papierbackförmchen (3 Förmchen pro Muffin) oder 12 Portionenförmchen

300 g Kürbispüree

150 g weiche Butter

150 g Vollrohrzucker

2 Freilandeier

½ TL Meersalz

1 TL Vanillepulver (Reformhaus)

1 TL Zimtpulver

½ TL geriebene Muskatnuß

je ¼ TL Nelken- und Ingwerpulver

300 g Dinkelmehl, sehr fein gemahlen

2 TL Weinsteinbackpulver

100 g Sultaninen

1. Kürbispüree zubereiten: siehe Grundrezept Seite 104.

2. Butter, Zucker und Eier schaumig rühren. Salz, Gewürze, Kürbispüree und das mit dem Backpulver gemischte Mehl darunter ziehen. Sultaninen dazugeben.

3. Teig in gebutterte Portionenförmchen oder Papierbackförmchen füllen (3 Förmchen pro Muffin nehmen. Die Muffins bekommen so eine schönere Form).

4. Muffins im vorgeheizten Ofen bei 190 Grad auf mittlerem Einschub 20 bis 25 Minuten backen.

Kürbiskuchen mit Marzipanstreusel

für eine Kastenform/Cakeform von 22 cm Länge

300 g Kürbispüree

150 g weiche Butter

150 g Vollrohrzucker

2 Freilandeier, verquirlt

½ TL Meersalz

½ TL Ingwerpulver

1 unbehandelte Zitrone, abgeriebene Schale

1 EL Weinsteinbackpulver

350 g Dinkelmehl, sehr fein gemahlen

Marzipanstreusel

350 g Honigmarzipan (Reformhaus)

5 EL Dinkelmehl

1 EL Zimt

75 g flüssige Butter, ausgekühlt

1. Kürbispüree zubereiten: siehe Grundrezept Seite 104.

2. Für die Streusel Honigmarzipan 5 Minuten im Tiefkühler anfrieren. Marzipan mit der Bircher-Rohkostreibe oder in der Moulinette fein reiben. Mit dem Mehl und dem Zimt mischen. Flüssige Butter dazugeben. Zu einer krümeligen Masse rühren.

3. Für den Kuchen Butter und Vollrohrzucker schaumig rühren. Eimasse nach und

nach unter ständigem Rühren zur Butter-masse geben. Kürbispüree, Salz, Ge-würze und das mit dem Backpulver gemischte Dinkelmehl unter die Butter-Eier-Masse rühren.

4. Die Hälfte des Teiges in die gebutterte Kastenform füllen. Die Hälfte der Streusel darauf verteilen. Restlichen Teig einfüllen. Restliche Streusel darauf verteilen.

5. Kuchen im vorgeheizten Ofen bei 190 Grad auf mittlerem Einschub ca. 60 Minu-ten backen. Kuchen in der Form erkalten lassen.

Gefüllte Kürbisplätzchen

150 g weiche Butter

175 g Vollrohrzucker

1 Freilandei

½ TL Vanillemark (Vanilleschote längs halbieren, Mark auskratzen)

1 Msp Meersalz

250 g Dinkelmehl, sehr fein gemahlen

1½ TL Weinsteinbackpulver

Füllung

250 g Kürbispüree

2–3 EL Vollrohrzucker

2 EL Birnendicksaft

1 TL Zimtpulver

½ TL Ingwerpulver

¼ TL geriebene Muskatnuß

¼ TL Nelkenpulver

1 Msp Meersalz

100 g Sultaninen

1. Kürbispüree zubereiten: siehe Grund-rezept Seite 104.

2. Butter, Zucker und Ei schaumig rühren. Vanillemark, Salz und das mit dem Back-pulver gemischte Mehl unter die Buttermi-schung rühren. Rasch zu einem Teig zusammenfügen. Teig mindestens 1 Stunde kühl stellen.

3. Für die Füllung sämtliche Zutaten auf kleinem Feuer 6 bis 8 Minuten unter stän-digem Rühren köcheln lassen, bis die Masse dick ist. Auskühlen lassen.

4. Teig auf bemehlter Arbeitsfläche 3 mm dick ausrollen. Rondellen von ca. 6 cm Durchmesser ausstechen. Auf die Hälfte der Rondellen einen Teelöffel Füllung geben. Mit einer zweiten Rondelle decken. Teigrand mit den Fingerspitzen oder mit einer Gabel fest andrücken. Rondellen auf ein mit Backpapier belegtes Blech legen.

5. Gefüllte Kürbisplätzchen im vorgeheiz-ten Ofen bei 190 Grad auf mittlerem Ein-schub ca. 15 Minuten backen.

Abbildung Seite 99

Kürbiskuchen mit Ananasstückchen

für eine Kasten-/Kuchenform von 24 cm Länge

125 g weiche Butter

100 g Vollrohrzucker

3 Freilandeier, verquirlt

3 EL Rum oder Orangensaft

100 g getrocknete Ananas, klein geschnitten

200 g Kürbisfleisch, mit der Röstiraffel/ Gemüsehobel geraspelt

50 g Haselnüsse, gerieben

300 g Dinkelmehl, sehr fein gemahlen

2 TL Weinsteinbackpulver

1. Butter und Zucker schaumig rühren. Eier und Rum oder Orangensaft nach und nach unter ständigem Rühren zur Buttermasse geben. Ananasstückchen, Kürbis und Haselnüsse dazugeben. Das mit Backpulver gemischte Mehl unter die Masse ziehen. Teig in die gebutterte Form füllen.

2. Kuchen im vorgeheizten Ofen bei 190 Grad ca. 40 Minuten backen.

Abbildung: Kürbiskuchen mit Ananasstückchen, Rezept oben

Kürbis-Aprikosen-Kuchen

für eine Kastenform/Cakeform von 30 cm Länge

Kuchen

100 g getrocknete Aprikosen

200 g Kürbisfleisch, gewürfelt

125 g weiche Butter

150 g Vollrohrzucker

3 Freilandeier, verquirlt

300 g Dinkelmehl, sehr fein gemahlen

2 TL Weinsteinbackpulver

2 TL Vanillemark (Vanilleschote längs halbieren, Mark auskratzen)

2 TL Zimtpulver

$1/2$ TL geriebene Muskatnuß

$1/4$ TL Nelkenpulver

$1/4$ TL Meersalz

Füllung

100 g Kürbispüree

400 g Crème fraîche

60 g Vollrohrzucker, fein gemahlen

100 g getrocknete Aprikosen

$1/2$ TL Zimtpulver

$1/4$ TL Nelkenpulver

getrocknete Aprikosen für die Garnitur

1. Aprikosen für den Kuchen und die Füllung über Nacht in 150 ml/1,5 dl Wasser einweichen. Im Einweichwasser 6 Minuten köcheln lassen. Aprikosen samt Kochflüssigkeit pürieren.

2. Kürbispüree zubereiten: siehe Grundrezept Seite 104.

3. Kastenform mit Backpapier auskleiden.

4. Für den Kuchen Butter und Zucker schaumig rühren. Eimasse nach und nach unter ständigem Rühren zur Buttermasse geben. Das mit dem Backpulver und den Gewürzen gemischte Mehl sowie die Hälfte des Aprikosenpürees und den gewürfelten Kürbis abwechslungsweise unter die Masse rühren. Teig in die Form füllen.

5. Kuchen im vorgeheizten Ofen bei 190 Grad ca. 45 Minuten backen. Auskühlen lassen.

6. Für die Füllung Kürbispüree und restliches Aprikosenpüree sowie Zucker und Gewürze unter die Crème fraîche rühren.

7. Kuchen zweimal horizontal teilen (3 Teile). Auf die erste und die zweite Kuchenlage je ¼ Füllung streichen. Restliche Füllung für das Überziehen des Deckels und des Kuchenrandes brauchen. Aus den Aprikosen für die Garnitur Blumen schneiden. Kuchen damit garnieren.

Kürbiskugeln

200 g Kürbispüree
175 g weiche Butter
150 g Vollrohrzucker
50 g Erdnußmus (Reformhaus)
2 Freilandeier
1 TL Meersalz
2 TL Vanillepulver
400 g Dinkelmehl, sehe fein gemahlen
2 TL Weinsteinbackpulver
Mandelstäbchen, für die Stiele

1. Kürbispüree zubereiten: siehe Grundrezept Seite 104.

2. Butter und Zucker schaumig rühren. Übrige Zutaten nach und nach darunterrühren. Ganz am Schluß das mit dem Backpulver gemischte Mehl unter die Masse rühren.

3. Aus dem Teig kleine Kugeln von ca. 3 cm Durchmesser formen. Kugeln auf ein mit Backpapier belegtes Blech setzen. In jede Kugel für den Stiel ein Mandelstäbchen stecken.

4. Kürbiskugeln im vorgeheizten Ofen bei 190 Grad auf mittlerem Einschub ca. 15 Minuten goldgelb backen.

Abbildung Kürbiskugeln Seite 99

Kürbis-Nuß-Pie

*für eine runde Form von
26 cm Durchmesser*

Geriebener Teig

250 g Weizen- oder Dinkelvollkornmehl,
sehr fein gemahlen

125 g kalte Butter, in Stücken

1 Prise Meersalz

50 g Akazienhonig oder Ahornsirup

1–3 EL Wasser

1 Freilandei

Füllung

300 g Kürbispüree

120 g Pecannüsse, grob gehackt

3 EL Vollrohrzucker

40 g weiche Butter

200 g Crème fraîche

1/4 TL Meersalz

1/2 TL Ingwerpulver

1/4 TL Nelkenpulver

1/4 TL geriebene Muskatnuß

1 TL Zimt

2 EL Akazienhonig

2 Freilandeier, verquirlt

3 EL Rum oder Orangensaft, nach
Belieben

1. Kürbispüree zubereiten: siehe Grundrezept Seite 104.

2. Mehl und Butter von Hand krümelig reiben.

3. Mehl-Butter-Mischung auf die Arbeitsfläche häufen. Eine Vertiefung machen. Salz, Honig, Wasser und Ei in die Vertiefung geben. Rasch zu einem Teig zusammenfügen. Nicht kneten. Teig in Folie eingepackt 30 Minuten kühl stellen.

4. Teig auf bemehlter Arbeitsfläche oder zwischen zwei Klarsichtfolien auf Formgröße ausrollen. In die gebutterte Form legen.

5. Für die Füllung Nüsse, Zucker und Butter verrühren. Auf den Teigboden streichen. Restliche Zutaten verrühren. In die Form gießen.

6. Pie im vorgeheizten Ofen bei 230 Grad auf mittlerem Einschub 10 Minuten backen. Hitze auf 190 Grad reduzieren und weitere 40 Minuten backen. Pie erkalten lassen.

7. Tip: Mit Schlagsahne/-rahm servieren.

Kürbis-Pie mit Ingwerstreusel

1 Portion geriebener Teig (Seite 87)

400 g Kürbispüree

200 g Crème fraîche

3 Freilandeier

150 g Vollrohrzucker

1½ TL Zimt

¼ TL geriebene Muskatnuß

je ¼ TL Nelkenpulver und Meersalz

Streusel

150 g Dinkelmehl, sehr fein gemahlen

70 g Vollrohrzucker

30 g Walnüsse/Baumnüsse, grob gehackt

40 g Ingwerwurzel, fein gerieben

1½ TL Ingwerpulver

100 g weiche Butter

1. Kürbispüree: Grundrezept Seite 104.

2. Teig auf bemehlter Arbeitsfläche oder zwischen zwei Klarsichtfolien auf Formgröße ausrollen. In die gebutterte Form legen. Im vorgeheizten Ofen bei 190 Grad blindbacken (Seite 91).

3. Füllung auf den Teigboden verteilen. 35 Minuten backen.

4. Gekühlte Streuselmasse über die gebackene Pie reiben. Weitere 25 Minuten backen.

Kürbis-Pie mit Sultaninen und Kokosnußraspeln

für eine Form von 26 cm Durchmesser

1 Portion geriebener Teig (Seite 87)

400 g Kürbispüree

200 g Crème fraîche

3 EL Vollrohrzucker

2 Freilandeier

je ½ TL geriebene Muskatnuß, Ingwer- und Zimtpulver

100 ml/1 dl Orangensaft, frisch gepreßt

50 g Kokosnußraspeln

100 g Sultaninen

1. Kürbispüree zubereiten: siehe Grundrezept Seite 104.

2. Teig auf bemehlter Arbeitsfläche oder zwischen zwei Klarsichtfolien auf Formgröße ausrollen. In die gebutterte Form legen.

3. Füllung in die Form füllen.

4. Pie im vorgeheizten Ofen bei 200 Grad auf mittlerem Einschub ca. 45 Minuten backen. Erkalten lassen.

5. Tip: Mit Schlagsahne/-rahm servieren.

Abbildung: Kürbis-Pie mit Sultaninen, Rezept oben

Gedeckte Kürbis-Pie

für eine Form von 26 cm Durchmesser

Geriebener Teig

375 g Weizen- oder Dinkelvollkornmehl, sehr fein gemahlen

190 g kalte Butter, in Stücken

2 Msp Meersalz

75 g Honig

3–4 EL Wasser

1 Freilandei

1 Eigelb, zum Einpinseln

Füllung

500 g Kürbispüree

3 Freilandeier

200 g/2 dl Sahne/Rahm

2 EL Vollrohrzucker

2 EL Akazienhonig

1 TL Zimtpulver

½ TL Ingwerpulver

¼ TL geriebene Muskatnuß

50 g Mandeln, gerieben

1. Kürbispüree zubereiten: siehe Grundrezept Seite 104.

2. ²/₃ der Teigmenge auf bemehlter Arbeitsfläche oder zwischen zwei Klarsichtfolien auf Formgröße ausrollen.

3. Füllung in die Form gießen.

4. Aus dem restlichen Teig auf bemehlter Arbeitsfläche oder zwischen zwei Klarsichtfolien einen Deckel ausrollen, der die Größe der Form hat. Teigrondelle auf die Füllung legen. Überlappenden Teig vom Boden über den Deckel legen. Rand gut andrücken. Deckel einige Male mit der Gabel einstechen.

5. Aus den Teigresten für die Verzierung kleine Formen ausstechen. Mit wenig Wasser anfeuchten. Auf den Deckel kleben. Deckel mit Eigelb einpinseln.

6. Pie im vorgeheizten Ofen bei 200 Grad auf mittlerem Einschub 40 bis 50 Minuten backen.

Gefrorene Kürbis-Pie

für eine Form von 26 cm Durchmesser

1 Portion geriebener Teig (Seite 87)

300 g Kürbispüree

250 g Joghurt nature

Vanillemark (Vanilleschote längs halbieren, Mark auskratzen)

50 g Vollrohrzucker

1 TL Zimtpulver

½ TL geriebene Muskatnuß

¼ TL Ingwerpulver

¼ TL Meersalz

100 g Sultaninen, in Rum oder Apfelsaft eingelegt

250 g/2,5 dl Schlagsahne/-rahm oder 1 Becher Crème fraîche

1. Kürbispüree zubereiten: siehe Grundrezept Seite 104.

2. Teig auf bemehlter Arbeitsfläche oder zwischen zwei Klarsichtfolien auf Formgröße ausrollen. In die gebutterte Form legen. Teig mit der Gabel einige Male einstechen. Für das Blindbacken Teigboden mit Backpapier belegen. Mit trockenen Bohnen füllen.

3. Teigboden im vorgeheizten Ofen bei 190 Grad auf mittlerem Einschub 20 Minuten backen. Bohnen und Backpapier entfernen. Teigboden weitere 5 Minuten fertig backen. Auskühlen lassen.

4. Kürbispüree, Joghurt, Zucker und Gewürze gut verrühren. Sultaninen dazugeben. Schlagsahne oder Crème fraîche unter das Püree ziehen.

5. Füllung auf den Teigboden verteilen. 4 bis 5 Stunden tiefkühlen.

6. Tip: Gefrorene Pie ca. 15 Minuten vor dem Servieren aus dem Tiefkühler nehmen. Diese Pie ist an heißen Sommerabenden sehr erfrischend.

Einfache Kürbis-Pie

für eine Form von 26 cm Durchmesser

1 Portion geriebener Teig (Seite 87)

Belag

500 g Kürbispüree

150 g Vollrohrzucker

½ TL Meersalz

je ½ TL Zimt- und Ingwerpulver, geriebene Muskatnuß

30 g weiche Butter

1 EL Ahornsirup oder Akazienhonig

2 Freilandeier, verquirlt

100 g/1 dl Sahne/Rahm

1. Kürbispüree zubereiten: siehe Grundrezept Seite 104.

2. Teig auf bemehlter Arbeitsfläche oder zwischen zwei Klarsichtfolien auf Formgröße ausrollen. In die gebutterte Form legen.

3. Für den Belag sämtliche Zutaten verrühren. In die Form füllen.

4. Pie im vorgeheizten Ofen bei 230 Grad auf mittlerem Einschub 10 Minuten backen. Hitze auf 190 Grad reduzieren und weitere 40 Minuten backen. Kalt servieren.

5. Tip: Mit Vanilleeis servieren.

Kürbis süß-sauer mit Korinthen

1 kg Kürbisfleisch, gewürfelt

400 ml/4 dl Obstessig

100 ml/1 dl Maissirup oder Akazienhonig

100 g Korinthen

1 Stück Ingwerwurzel, gerieben

1/2 TL Chilipulver

1 Lorbeerblatt

3 Nelken

1 TL Meersalz

1. Sämtliche Zutaten aufkochen. Auf kleinem Feuer unter zeitweiligem Rühren ca. 20 Minuten köcheln lassen, bis der Kürbis weich ist.

2. Kürbis samt Flüssigkeit in Gläser mit Schraubverschluß füllen. Wichtig: Der Kürbis muß gut mit Flüssigkeit bedeckt sein. Gläser sofort schließen.

Kürbis süß-sauer

1 kg Kürbisfleisch, grob gewürfelt

400 ml/4 dl Obstessig

100 ml/1 dl Rotwein

1 Zimtstange

3 ganze Nelken

1/2 TL Meersalz

1 EL frische Ingwerwurzel, sehr klein gewürfelt

200 g Akazienhonig

1. Essig, Rotwein, Zimt, Nelken, Meersalz und Ingwer aufkochen. Über die Kürbiswürfel gießen. 24 Stunden zugedeckt marinieren.

2. Kürbis und Flüssigkeit zusammen mit dem Honig aufkochen. Zugedeckt auf kleinem Feuer kochen, bis die Kürbiswürfel gar sind.

3. Kürbiswürfel in Gläser mit Schraubverschluß füllen. Flüssigkeit abermals aufkochen und den Kürbis damit decken. Gläser sofort schließen.

Abbildung: Kürbis süß-sauer mit Korinthen, Rezept linke Spalte

Kürbis-Apfel-Chutney

1 kg Kürbisfleisch, gewürfelt

*2 saure Äpfel, geschält, halbiert,
entkernt, gewürfelt*

2 Zwiebeln, fein gehackt

2 EL Sultaninen

*1 kleine Pfefferschote, längs halbiert,
entkernt, in feinen Streifen*

1 TL Meersalz

150 g Vollrohrzucker

1 TL Senfkörner

200 ml/2 dl Apfelessig

1. Sämtliche Zutaten aufkochen. Unter Rühren auf kleinem Feuer langsam zu einer dicklichen Masse einköcheln lassen.

2. Heißes Kürbis-Apfel-Chutney bis knapp unter den Rand in Einmachgläser füllen. Wenig Essig aufkochen und darübergießen. Gläser sofort schließen.

Kürbis-Tomaten-Gemüsepaprika-Chutney

1 kg Kürbisfleisch, grob gehackt

6 große Tomaten, geschält, Stielansatz entfernt, gehackt

2 große Zwiebeln, geschält, gehackt

2 grüne Gemüsepaprika/Peperoni, geschält, halbiert, Stielansatz und Kerne entfernt, gehackt

3 unbehandelte Zitronen, abgeriebene Schale und Saft

200 g Korinthen

1 TL Meersalz

1 TL roter Pfeffer

1 TL Nelkenpulver

1 TL Zimtpulver

500 ml/5 dl Apfelessig

150 g Akazienhonig

1. Sämtliche Zutaten aufkochen. Bei mittlerem Feuer mindestens 60 Minuten kochen lassen, bis die Masse einzudicken beginnt. Ab und zu rühren. Chutney abschmecken.

2. Heißes Chutney bis knapp unter den Rand in Einmachgläser füllen. Gläser sofort schließen.

Kürbis-Birnen-Marmelade

600 g Kürbisfleisch, klein gewürfelt

500 g Birnen, geschält, Kerngehäuse entfernt, klein gewürfelt

1 TL Meersalz

2 TL Ingwerpulver

2 Orangen

2 Zitronen

350 g Syramena (teilraffinierter Vollrohrzucker)

1 Beutel (30 g) Unigel

1. Orangen und Zitronen oben und unten kappen. Die Schale am Fruchtfleisch entlang herunterschneiden. Mit dem Messer an den beiden dünnen Fruchthäutchen der Schnitze entlangschneiden. Filets herauslösen. Würfeln.

2. Alle Zutaten unter Rühren aufkochen. Marmelade auf kleinem Feuer unter zeitweiligem Rühren 30 Min. köcheln lassen.

3. Marmelade in vorgewärmte Gläser mit Schraubverschluß füllen. Angebrochene Gläser im Kühlschrank aufbewahren.

4. Tip: Diese Marmelade eignet sich hervorragend zum Füllen von Pfannkuchen/Crêpes. Auf jeden Pfannkuchen 2 Eßlöffel erwärmte Marmelade geben. Einschlagen. Mit einer warmen Sauce servieren: 100 g Butter, 100 ml/1 dl Cognac, 2 bis 3 EL Ahornsirup (nach Belieben) und 4 Eßlöffel Zitronensaft aufkochen. Mit Zimtpulver abschmecken.

Kürbis-Apfel-Marmelade

600 g Kürbisfleisch, gewürfelt

3–4 säuerliche Äpfel, geschält, Kerngehäuse entfernt, klein gewürfelt

1 unbehandelte Zitrone, Saft und abgeriebene Schale

200 ml/2 dl Weißwein oder Apfelwein

¼ TL Zimtpulver

¼ TL Nelkenpulver

300 g Birnendicksaft/Birnel

1 Beutel (30 g) Unigel

1. Weißwein, Zimt- und Nelkenpulver aufkochen. Kürbis, Äpfel, Zitronenschalen, Zitronensaft, Birnendicksaft und Unigel beifügen. Unter zeitweiligem Rühren 10 Minuten sprudelnd kochen.

2. Marmelade in vorgewärmte Gläser mit Schraubverschluß füllen. Sofort schließen.

3. Tip: Angebrochene Gläser im Kühlschrank aufbewahren.

Abbildung Kürbis-Birnen-Marmelade Seite 97

Kürbismarmelade nach Großmutters Art

1 kg Kürbisfleisch, fein geschnitten

350 g Birnendicksaft/Birnel

1 Beutel (30 g) Unigel

2 unbehandelte Zitronen

1 unbehandelte Orange, Saft und abgeriebene Schale

100 g kandierter Ingwer, gewürfelt

1. Zitronen oben und unten kappen. Die Schale am Fruchtfleisch entlang herunterschneiden. Mit dem Messer an den beiden dünnen Fruchthäutchen der Schnitze entlangschneiden. Filets herauslösen und würfeln.

2. Sämtliche Zutaten, außer dem Ingwer, unter Rühren bei mittlerer Hitze aufkochen. Marmelade zugedeckt 24 Stunden stehen lassen.

3. Marmelade aufkochen. Auf kleinem Feuer unter zeitweiligem Rühren 15 Minuten köcheln lassen. Ingwer beifügen.

4. Marmelade in vorgewärmte Gläser mit Schraubverschluß füllen.

5. Tip: Angebrochene Gläser im Kühlschrank aufbewahren.

Würzige Kürbismarmelade

1 kg Kürbisfleisch, klein gewürfelt

300 g Syramena (teilraffinierter Vollrohrzucker)

1/2 Beutel Unigel (Reformhaus)

1 TL Zimt

1 TL Ingwerpulver

1/4 TL Nelkenpulver

1/4 TL geriebene Muskatnuß

2 Limetten oder Zitronen, Saft

1. Sämtliche Zutaten unter Rühren aufkochen. 4 Minuten unter ständigem Rühren sprudelnd kochen.

2. Heiße Marmelade in Gläser mit Schraubverschluß füllen. Gläser sofort schließen.

3. Tip: Marmelade nach dem Öffnen im Kühlschrank aufbewahren.

Abbildung: Kürbisbrot mit Pinienkernen (Rezept Seite 74), Kürbis-Birnen-Marmelade (Rezept Seite 95)

Margrits Kürbismousse auf Himbeersauce

Himbeersauce

300 g frische oder gefrorene
Himbeeren

1 EL Akazienhonig

Kürbismousse

200 g Kürbispüree von festem,
mehligem Kürbis, z. B. Potimarron

1 EL Akazienhonig

1 EL Grand Marnier oder
1 EL frisch gepreßter Orangensaft

Schlagsahne/-rahm, für die Garnitur

Melissenblättchen, für die Garnitur

1. Kürbispüree zubereiten: siehe Grundrezept Seite 104.

2. Himbeeren pürieren. Durch ein Spitzsieb streichen. Honig darunterrühren.

3. Für die Mousse Akazienhonig und Grand Marnier unter das Kürbispüree rühren.

4. Mit der Himbeersauce auf großen Glastellern einen Spiegel machen. Einen Klecks Schlagsahne in die Mitte geben. Mit einem Holzstäbchen sternenförmig ausziehen. Von der Kürbismousse mit dem Eisportionierer Kugeln abstechen und diese auf den vorbereiteten Tellern anrichten. Mit der Melisse garnieren.

Brasilianischer Kürbispudding

für 8 bis 10 Portionenförmchen

400 g mehliges Kürbispüree, z. B.
Potimarron

3 EL Dinkelmehl

2 EL weiche Butter

Milch einer Kokosnuß (50 ml/0,5 dl),
nach Belieben

50 ml/0,5 dl Portwein

150 g Vollrohrzucker

5 Eigelb von Freilandeiern

3 Eischnee von Freilandeiern

Birnendicksaft/Birnel

1. Kürbispüree zubereiten: siehe Grundrezept Seite 104.

2. Kürbispüree und Mehl mischen.

3. Butter, Kokosnußmilch, Portwein, Zucker und Eigelb verquirlen. Unter das Kürbispüree rühren. Eischnee darunterziehen.

4. Wenig Birnendicksaft in die gebutterten Portionenförmchen geben. Mit der Kürbismasse füllen.

5. Kürbispudding im vorgeheizten Ofen bei 180 Grad ca. 40 Minuten backen.

Abbildung: Margrits Kürbismousse, Rezept linke Spalte; Gefüllte Kürbisplätzchen, Rezept Seite 83; Kürbiskugeln, Rezept Seite 86

Würzige Kürbismousse

für 4–6 Personen

Kürbismousse

250 g Kürbispüree

2 TL Agar-Agar-Pulver

2 EL Wasser

50 ml/0,5 dl Rum

½ TL Zimtpulver

¼ TL Ingwerwurzel, gerieben

2 Eigelb von Freilandeiern

2 EL Akazienhonig

2 Eiweiß

200 g/2 dl Schlagsahne/-rahm

1. Kürbispüree zubereiten: siehe Grundrezept Seite 104.

2. Agar-Agar im Wasser (2 EL) auflösen. Zusammen mit dem Kürbispüree und dem Rum aufkochen. 2 bis 3 Minuten köcheln lassen. Auskühlen lassen. Zimtpulver und geriebenen Ingwer darunterrühren.

3. Eigelb und Honig mit dem Schneebesen oder Stabmixer zu einer sämigen Creme rühren. Unter das Kürbispüree rühren.

4. Eiweiß zu Schnee schlagen.

5. Schlagsahne und Eischnee unter das Kürbispüree ziehen. 24 Stunden kühl stellen.

6. Von der Kürbismousse mit einem Eßlöffel Klöße abstechen. Anrichten.

Süßer Kürbisgratin

600 g Kürbisfleisch, fein gewürfelt

300 g Sultaninen

50 g Haselnüsse, gerieben

2 EL Zitronensaft

4 EL Honig

1. Eine ofenfeste Form mit Deckel einbuttern.

2. Kürbis, Sultaninen und Haselnüsse mischen.

3. Honig und Zitronensaft verrühren. Unter den Kürbis mischen.

4. Kürbismasse in die Form füllen. Deckel aufsetzen.

5. Kürbisgratin im vorgeheizten Ofen bei 180 Grad auf mittlerem Einschub 30 Minuten backen. Heiß servieren.

Süßer Kürbisgratin mit Nüssen

600 g Kürbisfleisch
125 g Vollrohrzucker
¼ TL geriebene Muskatnuß
50 g Walnüsse/Baumnüsse, gehackt
80 g Korinthen
3 EL Zitronensaft
2 EL Rum

1. Gratinform einbuttern.

2. Vom Kürbis mit dem Gurkenhobel oder Kartoffelschäler dünne Streifen abziehen.

3. Zucker, Nüsse, Korinthen und Muskatnuß mischen.

4. Kürbisstreifen und Nußmischung lagenweise in die Form füllen, dabei mit dem Kürbis beginnen und mit den Nüssen abschließen.

5. Zitronensaft und Rum verrühren. Über den Kürbis verteilen.

6. Kürbisgratin im vorgeheizten Ofen bei 190 Grad ca. 30 Minuten goldgelb bakken.

7. Heiß oder kalt servieren. Gut passen dazu ein Vanilleeis oder eine Vanillesauce.

Kürbis-Apfel-Gratin mit Streusel

300 g Kürbis, in dünnen Stäbchen
2 Äpfel, geschält, halbiert, entkernt, in Spalten
3 EL Akazienhonig
2 EL Butter
Haselnußstreusel
50 g Haselnüsse, gerieben
50 g Vollrohrzucker
2 EL weiche Butter
2 EL Dinkelmehl

1. Gratinform einbuttern.

2. Für die Streusel sämtliche Zutaten mit der Gabel mischen.

3. Kürbis und Äpfel lagenweise in die Gratinform füllen. Auf jede Lage etwas Honig sowie Butterstückchen verteilen. Abschließen mit den Streuseln, die man von Hand gleichmäßig über den Gratin reibt.

4. Gratin im vorgeheizten Ofen bei 200 Grad 30 bis 40 Minuten backen.

5. Tip: Mit einer Vanillesauce oder mit Sahne servieren.

Kürbisparfait

für 8–10 Personen

300 g Kürbispüree

3 Eigelb von Freilandeiern

125 g Akazienhonig

½ TL Zimtpulver

½ TL geriebene Muskatnuß

3 Eischnee

250 g/2,5 dl Schlagsahne/-rahm

1 TL Akazienhonig

1 EL Rum

1 EL geriebene Haselnüsse

wenig Schlagsahne/-rahm, für die Garnitur

1. Kürbispüree zubereiten: siehe Grundrezept Seite 104.

2. Akazienhonig und Rum unter die steifgeschlagene Sahne rühren.

3. Eigelb und Honig zusammen mit den Gewürzen zu einer dickflüssigen, hellen Masse rühren. Kürbispüree dazugeben. Schlagsahne und Eischnee darunterziehen. Parfaitmasse in einem geeigneten Behälter im Tiefkühler fest werden lassen (4 bis 5 Stunden).

4. Parfait 10 Minuten vor dem Servieren aus dem Tiefkühler nehmen. Scheiben schneiden. Mit der Sahne und den Haselnüssen garnieren.

Fruchtsalat mit Kürbis

250 g Moschus-Kürbis, ohne Schale und Kerne, fein gewürfelt

2 Birnen, halbiert, Kerngehäuse entfernt, gewürfelt

2 Äpfel, halbiert, Kerngehäuse entfernt, gewürfelt

3 Orangen, in Spalten, ohne Häutchen und Kerne

½ Zitrone, Saft

1 Prise Vanillepulver

1 Prise Ingwerpulver

1 EL Ahornsirup

2 EL Mandelstäbchen

1. Zitronensaft, Vanillepulver, Ingwer und Ahornsirup in einer großen Schüssel verrühren. Früchte dazugeben. Mit der Sauce mischen. 15 Minuten zugedeckt stehen lassen.

2. Fruchtsalat anrichten. Mit den Mandelstäbchen garnieren.

Abbildung: Fruchtsalat mit Kürbis, Rezept oben

Kürbispüree – Grundrezept

---

500 g Kürbisfleisch, ohne Schale, gewürfelt

---

1. Gewürfelten Kürbis im Dampf garen.

2. Kürbis pürieren.

3. Kürbispüree in einem Spitzsieb oder in einem Mulltuch (Gazetuch) gut abtropfen lassen.

4. Kürbissorten: Je nach Kürbissorte erhält man mehr oder weniger Kürbispüree. 500 g roher Moschus-Kürbis (sehr wasserhaltige Sorte) liefert rund 200 g gut abgetropftes Kürbispüree; 250 g Potimarron (mehlige Sorte) liefert rund 200 g Kürbispüree.

5. Wichtig: Für gutes Gelingen von Speisen und Gebäck ist es wichtig, daß die Kürbismenge (Püree) genau abgemessen wird.

6. Gefrorenes Kürbispüree: Nach dem Auftauen nochmals gut abtropfen lassen.

In der gleichen Reihe sind erschienen:

Addor Thomas
Rösti-Factory

Bänziger Erica
Die neue Kalte Küche

Bühler Margrit/Spreng Anni/
Siegrist-Hünerfauth Ursula
Einmachen

Fessel Jacqueline/Sulzberger Margrit
Gesund essen leicht gemacht

Fessel Jacqueline/Sulzberger Margrit
Snacks

Hirano-Curtet Mirjam
Die Neue Trennkost asiatisch

Illies Angelika
Leichte Gerichte mit zartem Truthahnfleisch

Jörimann Peter/Bänziger Erica
Amaranth, Dinkel & Co.

Kondratowicz Frédérik
Spargel einfach himmlisch

Maag Thuri
Eiscreme selbermachen

Nussbaumer Josy
Suppen

Pelosi Bruno/Christmann Volker/
Aepli Beatrice
Vegetarisch Kochen mit Tofu

Rosas Leopoldo
Die echte mexikanische Küche